O2
O2

ISBN : 978-2-7021-4345-2
N° d'édition : 5185350/01
Dépôt légal : septembre 2012
Imprimé en Espagne

L'ANNÉE DU RUGBY 2012

CHRISTIAN MONTAIGNAC

calmann-lévy

Né en 1973 sous la tonitruante poussée de Walter Spanghero et des siens, cet ouvrage atteint un bel âge, respectable et émouvant. *L'Année du rugby* a quarante ans, une vie joliment remplie, haute en couleur et en douleurs, baignée d'un Bleu de France tout de ferveur. Ils sont si nombreux, ceux qui l'ont habitée, illustrée, au long d'une jeunesse bien passée. Merci, et comment, à Jean-Pierre, Fabien, Jo et tant d'autres, à Rives, Galthié et Maso, ici embarqués sur une photo qui ressemble, plein cœur, plein vent, au rugby que nous aimons. Merci à eux et aux lecteurs pour cette traversée.
Et que la fête continue.

C. M.

SOMMAIRE

FFR

Au royaume des frileux

Dans la pesante foulée d'une Coupe du monde 2011 terminée en rangs serrés, fierté retrouvée, mais sans autre ambition que de contrer en finale (8-9) le prestigieux adversaire néo-zélandais, l'équipe de France n'est pas parvenue à se donner une autre identité. On pouvait toujours rêver d'un jeu aéré et bien balancé, épris de conquête, la réalité restait celle d'un rugby de gagne-petit. Quelque chose de frileux n'en finissait pas de réduire ce jeu à la française, qui n'était plus qu'une légende d'un autre siècle. Vu de France, ce Tournoi remporté par des Gallois de feu, onzième Grand Chelem à la clé, fut celui du grand froid. Et pas seulement parce que, une nuit de février, le match entre Français et Irlandais ne fut pas joué sous l'effet des glaces pour transformer le Stade de France en *Titanic,* naufrage assuré. Les Français de Philippe Saint-André arrivèrent au Millennium de Cardiff le 17 mars sans la possibilité de jouer la première place, mais avec la volonté affichée de « gâcher la fête des Gallois ». Nos si peu fiers Gaulois réussirent seulement à gâcher leur défaite. Et le grand Stade Toulousain, meilleure équipe française de tous les temps, de ce temps, ne parvint pas à nous réchauffer dans une Coupe d'Europe où il dut s'effacer sans gloire devant de généreux Écossais. Il y eut la preuve, irrésistible, qu'il restait souverain en Ovalie pour un dix-neuvième bouclier, victoire en finale contre d'ardents Toulonnais, mais l'on ne put faire autrement que de relever qu'il venait de remporter sa troisième finale d'affilée au Stade de France, Coupe d'Europe 2010 contre Biarritz, Top 14 2011 contre Montpellier et 2012 contre Toulon, sans franchir la ligne pour le moindre essai. La même stérilité avait frappé les équipes en demi-finales, et il ne restait que les éclairs de Montpellier et de Clermont en cours de saison pour laisser quelques flammèches dans la mémoire. Le fil d'une ambition, un jeu mieux balancé, avec, surtout, des sorties de balle plus rapides, des courses et des passes plus variées, restait à renouer. Il n'était que d'autres bleus à se mettre sous les yeux, ceux du Leinster, ces Irlandais de la compagnie O'Driscoll, qui conservèrent leur titre de champions d'Europe avec un total de huit essais marqués en deux finales. Certes, le dernier match enregistré du XV de France fut celui d'une victoire 49-10, six essais à un, contre une réserve de l'équipe d'Argentine. Et encore ce succès pouvait-il être mis sur le compte d'un classique esprit de revanche une semaine après un piteux 20-23 contre les mêmes. Loin des yeux, sinon du cœur, ce sursaut passerait inaperçu le jour où la France du foot frigorifiée oubliait de jouer contre l'Espagne en quart de finale de l'Euro. Ainsi allait le rugby français dont on ne voulait surtout pas désespérer au moment de boucler notre quarantième *Année.* À ce stade d'un destin, d'une vie, il était permis de dire merci pour une haute fidélité et son esprit.

Il ferait frisquet même pour le supporter français le plus dévoué depuis des années.

TOURNOI

POUR QUELQUES CENTIMÈTRES QUI LES SÉPARAIENT, DANS LES ULTIMES SECONDES, D'UNE FINALE DE COUPE DU MONDE MÉRITÉE, CES CENTIMÈTRES D'UNE PÉNALITÉ RATÉE DE L'ARRIÈRE LEIGH HALFPENNY, LES GALLOIS AVAIENT CONNU UN IMMENSE CHAGRIN CONTRE LES FRANÇAIS. CINQ MOIS PLUS TARD, FACE AUX MÊMES, ILS RETOURNÈRENT LA MORALE DE L'HISTOIRE À LEUR AVANTAGE EN REMPORTANT LEUR ONZIÈME GRAND CHELEM. CE N'ÉTAIT PAS LE PLUS BEAU, LE PLUS GRAND DES RUGBYS, MAIS HALFPENNY MIT UN POING D'HONNEUR À MONTRER SA JOIE. À CET INSTANT, POUR LA GLOIRE DU JEU, NOUS ÉTIONS TOUS DES GALLOIS.

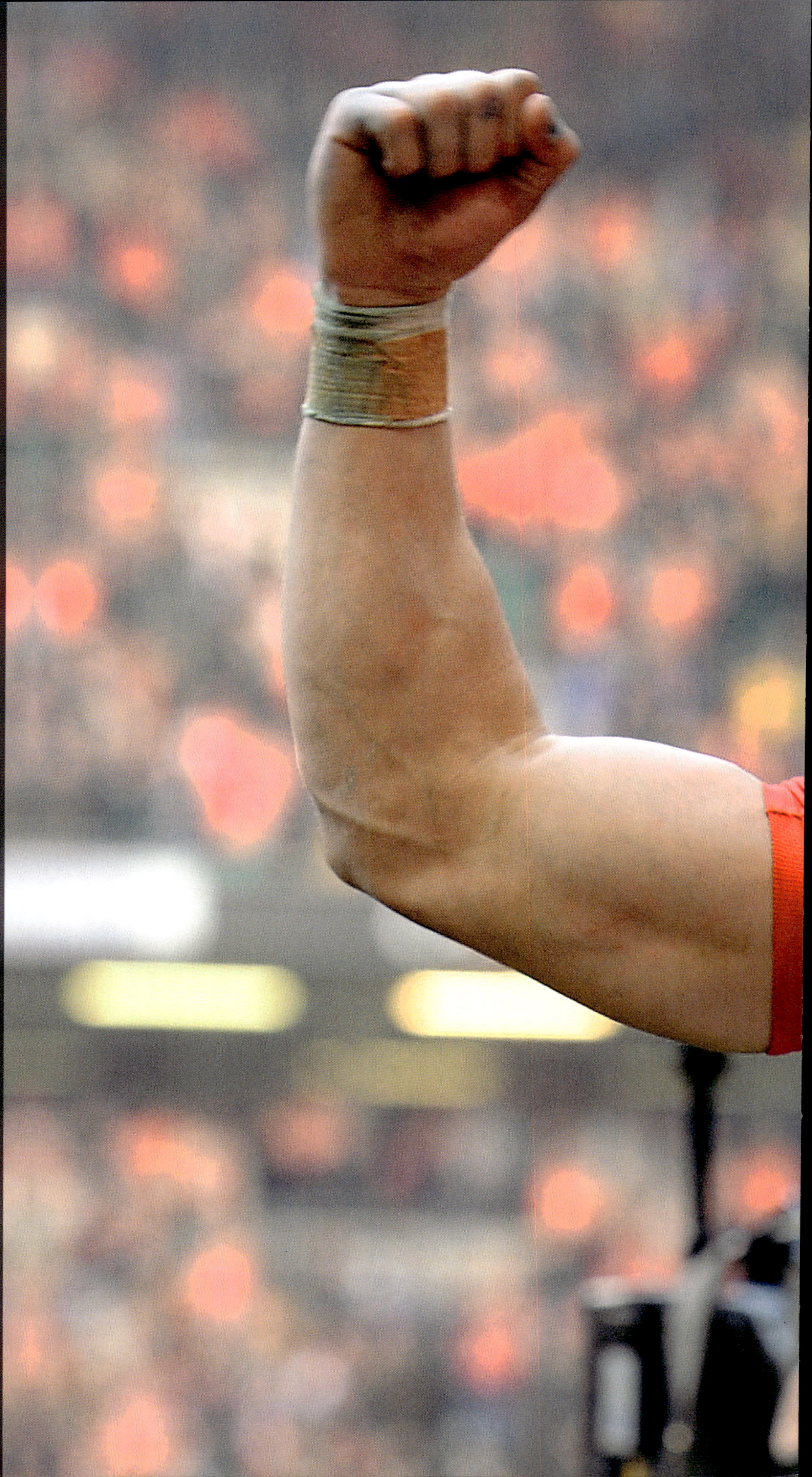

RBS
WRU
1060

DESTIN NATIONAL

Croire en Saint-André

En 2007, le président de la Fédération, Bernard Lapasset, auquel on avait reproché de céder aux intérêts médiatiques et commerciaux pour maintenir Bernard Laporte quatre ans auparavant, désigna son opposé, Marc Lièvremont, ancien joueur du genre discret et rigoureux, finaliste de la Coupe du monde de 1999, entraîneur de peu d'expérience. Il débuta par de séduisantes professions de foi, romantisme opposé au pragmatisme, telles que nous les avions soutenues au fil des *Années du rugby*. Mais, peu à peu, le guide dérouta son monde et ajouta son aveu d'impuissance à la calamiteuse tournée 2010, plus de 80 points et 9 essais endurés contre les Sud-Africains et les Argentins : « Je suis dévasté, j'ai honte. » La saison 2011 serait de même nature, avec, en particulier, une mémorable première défaite contre l'Italie. Et c'est ainsi que le taiseux, d'indignations en provocations, deviendrait assourdissant au long de la Coupe du monde 2011, où sa « bande de sales gosses », selon ses mots, serait sur le point (7-8) de tout effacer à l'issue d'une finale oppressante contre les Néo-Zélandais. Alternant simplicité apparente et expressions tranchantes, il oserait invoquer, triste comparaison, le fantôme de Raymond Domenech. Chacun y irait de son interprétation sur le pourquoi et le comment d'une aventure aussi chaotique. Et Marc Lièvremont en tirerait l'avantage d'un personnage pour devenir, d'un plateau à l'autre, une curiosité, sans qu'il fût question de s'attarder sur des responsabilités. On était seulement assurés que l'aventure ne serait pas renouvelée, puisque Pierre Camou, le nouveau président de la FFR, s'était chargé, avant le Mondial, de fixer le nom du successeur. Philippe Saint-André avait été choisi selon une démarche assez mal formulée, celle d'un « deuxième choix ». Le premier avait le nom et l'autorité de Guy Novès, l'homme qui continuerait à dire non au cœur de sa haute fidélité toulousaine. Au passage, on noterait que Fabien Galthié deviendrait un « troisième choix », ce qui était pour le moins maladroit, mais comblait les fraîches ambitions de Montpellier. Le changement entre Lièvremont et Saint-André, entraîneur à l'ancienne contre manager communicant, ne s'attacherait pas seulement à la nature et à l'image des hommes, mais encore à leur entourage. Le premier avait fait suivre ses adjoints de l'équipe de France des moins de 21 ans, Émile Ntamack et Didier Retière, quand le second obtiendrait l'accord de deux personnalités cotées du championnat, bien implantées dans leurs fiefs de Toulouse et de Biarritz, Yannick Bru et, surtout, Patrice Lagisquet, que beaucoup voyaient avec l'habit du sélectionneur. Voilà comment Philippe Saint-André quitta Toulon et s'avança avec une solide réputation de manager pour s'être imposé chez les Anglais, en particulier ceux de Sale, champions d'Angleterre en 2006. L'ancien ailier prompt aux embardées, surnommé en son temps de joueur « le Goret », capitaine de l'équipe de France à trente-quatre reprises, à l'arrivée de « l'essai du siècle » contre les Anglais en 1991 et à l'amorce de « l'essai du bout du monde » contre les All Blacks en 1994, madré et mesuré, était présenté comme un entrepreneur du genre tenace et fédérateur. Même finaliste de la Coupe du monde, et avec ses vieux qui en terminaient, l'équipe de France de Thierry Dusautoir était en chantier. Et, comme toujours, on voulait croire que se préparaient des lendemains enchantés.

Nouveau paysage de l'équipe de France, le manager Philippe Saint-André et ses adjoints, les deux entraîneurs Patrice Lagisquet et Yannick Bru.

Si peu Bleus, si sérieux

Les esprits rationnels étaient satisfaits, et *Le Parisien* saurait le résumer pour présenter le Tournoi de 2012 : « Vice-champions du monde, les Tricolores font figure de grands favoris, la conquête d'un dixième Grand Chelem constituerait un aboutissement logique. » Il était vrai que le meilleur calendrier, celui des années paires avec ses trois matches à Saint-Denis, attendait l'équipe de France et son nouveau statut à confirmer. Le premier rendez-vous se présentait comme une revanche insolite face à l'Italie, dont l'entraîneur lui-même annonçait la couleur et la douleur. Jacques Brunel, longtemps chargé des avants français, avait pris la succession de Nick Mallett. Son défi était aussi clair que délicat : échapper à la dernière place, le sort des Italiens dans les quatre précédents Tournois.
Lui-même était pris par un esprit de logique : « Les Bleus ont tout pour gagner le Tournoi. » Toutefois, à l'écart des idées dominantes, lesquelles s'accrochaient au dernier souvenir d'une équipe de France si méritante en finale de la Coupe du monde, on pouvait plus simplement espérer un jeu meilleur, une autorité, une identité, même, une évolution, jusqu'au dernier match contre les Gallois à Cardiff, qui promettait tant.
Depuis longtemps, il s'agissait, tous les quatre ans, de passer d'une aventure à l'autre, car l'Ovalie était désormais conditionnée par l'importance envahissante des Coupes du monde qui accaparaient tant les curiosités et bouchaient l'horizon. En attendant, pour des rêveurs dans notre genre, le jeu de rugby continuait, et il était même permis d'avoir envie de le vivre sans vieillir prématurément, en la circonstance sans avoir hâte de rejoindre le prochain tournoi mondial programmé chez les Anglais en 2015, vous l'avez deviné.
Philippe Saint-André s'y était pris sans excès au moment de porter la responsabilité du choix des trente joueurs pour le Tournoi immédiat. En effet, ils seraient vingt-deux survivants revenus du bout du monde. On comptait douze Toulousains, sept Clermontois, les leaders du championnat, mais aussi trois Biarrots et deux Montpelliérains, obligés de batailler avec les derniers en raison d'un calendrier atteint de débilité.
On retiendrait de la nouveauté, avec l'intronisation de Yoann Maestri, de Toulouse, et de Wesley Fofana, de Clermont, ainsi que le retour de Yannick Nyanga et de Vincent Debaty. Voilà comment deux d'entre eux, les Clermontois Fofana et Debaty, seraient invités dans le XV de départ. Il y aurait aussi de la transition à négocier, des adieux à peaufiner, avec les derniers Tournois annoncés de trois des finalistes d'Auckland, trois trentenaires grand teint, Julien Bonnaire, Lionel Nallet et William Servat. Le public était prêt à donner du cœur et de la chaleur à cette équipe de France, en hommage à son dernier match en Nouvelle-Zélande, mais les Italiens ne se plieraient pas à cette histoire de sentiments, confisquant le ballon pour se le passer à bonne cadence sans parvenir à surprendre, à avancer. Ils le laisseraient par trois fois, trois contres, trois essais, à des adversaires pas toujours conquérants, mais bien en jambes, surtout Julien Malzieu. Voilà comment cette entrée resterait glacée, comme le climat, mais aussi comme le jeu proposé par des Français puissants et réalistes, si peu exaltants. Il faudrait attendre la soixante-douzième minute, quatrième essai de ces Bleus en tenue blanche et de rigueur, pour qu'une flamme, celle de Fofana, vienne réchauffer les travées.
Mais il serait trop tard pour l'incendie espéré : 30-12, l'Italie du grand Sergio Parisse retrouvait sa condition dans le même temps où la France pouvait s'interroger. « Laissez-moi apprécier », demanda Philippe Saint-André au milieu de ses commentaires. Il était le premier à ne pas être dupe des limites d'une revanche annoncée.

Première sélection, premier essai pour Wesley Fofana. Cela méritait de se retrouver dans les bras de Thierry Dusautoir, le meilleur plaqueur du Tournoi.

14

François Trinh-Duc donne le coup d'envoi de France-Italie et du Tournoi. Le matin même, il avait découvert les lignes du livre de Marc Lièvremont, qui tenaient, pour son cas particulier, du tir aux pigeons. Facile, certes, mais tentant.

france

LE CAS TRINH-DUC

Plaquage à retardement

Après tant d'indécisions sur son cas en Nouvelle-Zélande et jusqu'à sa mise à l'écart pour laisser la place d'ouvreur à son compère de la mêlée Morgan Parra, un regard particulier était porté sur François Trinh-Duc, ce joueur-étincelle qui provoquait souvent d'irrésistibles embrasements dans le jeu de Montpellier. À ce poste, le plus exposé d'entre tous, le plus commenté, il restait un cas discuté, fatalement. Il n'empêche, au moment de fixer sa liste de vingt-trois pour le match contre l'Italie, Philippe Saint-André l'avait repris. Généralement, on pensait que le duo Parra – Trinh-Duc, créé par Marc Lièvremont, serait reconduit au bénéfice de la complémentarité. Mais il en irait autrement : « Yachvili et Trinh-Duc ont terminé la finale du Mondial, on a pensé que c'était bien de commencer avec cette charnière. » L'un de nos débats favoris pouvait reprendre, sur le thème éternel des demis à moitié vides ou à moitié pleins. Mais un élément inattendu ferait irruption pour pousser le joueur sous un autre éclairage, une désagréable curiosité. Le 3 février, déjà, Marc Lièvremont avait profité de la promotion d'un livre annoncé, *Cadrages et Débordements* (La Martinière), pour disposer d'un « portrait » dans l'excellente série de *Libération.* Et l'on y remarquait un passage où, à propos de François Trinh-Duc, il était écrit : « il étrille encore le banni », puis « un mou, qui grommelle et baisse la tête en attendant que ça passe ». On pouvait dès lors être étonné que François Trinh-Duc, « le banni », eût veillé à ne livrer aucun commentaire sur le sort subi en Nouvelle-Zélande. Mais, le samedi de France-Italie, c'est toute la presse, en particulier *L'Équipe Magazine,* avec de bonnes feuilles, qui pouvait reprendre le nouveau traitement infligé par Marc Lièvremont à l'ouvreur de l'équipe de France. On apprendrait que celui-ci avait découvert les passages en question le matin de France-Italie, ce que Philippe Saint-André déplorerait au moment de commenter son match de nouveau controversé. Et le mardi d'apprécier, dans *Le Monde,* l'article de Laurent Telo à côté de la chronique de… Marc Lièvremont. On pouvait y lire, entre autres : « C'est le mitraillage en règle de l'ancien sélectionneur des Bleus [...] dont les passages divulgués à quelques heures du coup d'envoi recèlent juste de quoi couper les pattes du jeune ouvreur. » Puis, deux passages étaient extraits, « le mou qui grommelle » et « l'inspiration, c'est bien, la transpiration, c'est mieux ». Le lendemain du match, François Trinh-Duc se contenta de répondre : « Je ne peux accepter une telle attitude de la part d'un homme qui prône des valeurs de respect et de solidarité. » On pouvait, et comment, dénoncer une pareille attitude de la part d'un personnage de rugby dont on avait flatté la pudeur revendiquée. Si l'on n'avait pas été surpris par sa réplique à Imanol Harinordoquy, lequel s'était épanché dans *Midi olympique* par un très mesuré « Lièvremont m'a déçu », cette fois, on restait consterné. Il restait à souhaiter, simplement, à l'ancien sélectionneur de trouver l'occasion, un jour, de s'excuser auprès du joueur pour ce plaquage à retardement. Car sur le sujet, en matière d'élégance et de dignité, sa marge de progression était évidente.

Par deux fois, François Trinh-Duc serait incertain au pied, mais, ensuite, plus assuré, il jouerait à sa main.

Deuxième essai pour Wesley Fofana, cette fois contre les Écossais. L'équipe de France avait trouvé un puncheur de qualité.

ECOSSE 2012

ÉCOSSE-FRANCE

Et, à la fin, c'est l'Écosse qui perd

On connaissait le refrain, et l'Écosse perd toujours à la fin. Presque toujours, mais cette musique ne serait pas interrompue par la Coupe du monde, où les hommes d'Andy Robinson avaient cédé de la même façon contre l'Argentine (12-13) et l'Angleterre (12-16). Ainsi allait la légende des tuniques bleu nuit, qui, depuis cinq ans, avaient perdu vingt-deux fois, contre cinq, dans le Tournoi. Cette légende était faite d'attendrissements exagérés quand Marc Lièvremont reprenait la comparaison de « All Blacks du Nord ». Philippe Saint-André mettrait au point un autre couplet, vite repris, selon lequel « l'Écosse est sans doute la nation qui conserve le mieux le ballon, pendant trois ou quatre minutes parfois ». Pour sa part, transition aisée, c'est de la conservation de l'équipe de France qu'il s'agirait. Elle lui autoriserait une pointe de fantaisie : « Il n'y a aucun changement par rapport à l'équipe qui devait affronter l'Irlande, vu que personne n'a fait un mauvais match. » Position incontestable qui permettait à Louis Picamoles d'être maintenu en numéro huit et à Morgan Parra de retrouver François Trinh-Duc pour un remake, quatre ans après, de leurs débuts internationaux à Murrayfield. Quant à Julien Dupuy, il profiterait de la blessure de Dimitri Yachvili pour renouer avec la famille bleue.
À part ça, les Français étaient meilleurs que les Écossais, mais il leur restait à le prouver pour entamer une série non prévue au programme, soit quatre matches d'affilée contre les Écossais, les Irlandais, les Anglais et les Gallois. Très à l'aise dans sa manière d'orchestrer les petites phrases à reprendre, Saint-André y était allé d'une morale à méditer : « C'est un match important, on veut le gagner, mais si, en plus, on peut régaler les gens… » C'est cela, en plus. Il y aurait même, à l'arrière, l'apport d'un débutant tonitruant, fort bien nommé et prénommé, Stuart Hogg, pour stimuler les Français au bout de huit minutes et un essai. Sur une récupération écossaise, le même pourrait repartir à l'avant et conclure en coin. Comme Greig Laidlaw transformerait et ajouterait, vingt minutes après, une pénalité, le handicap de 10 points pouvait aiguillonner Thierry Dusautoir et les siens. C'est encore Wesley Fofana qui se distinguerait, lui qui avait provoqué l'essai écossais par un en-avant. Passe sur un pas de Vincent Clerc, course tranchante et inspirée du Clermontois jusqu'à son deuxième plongeon victorieux dans le Tournoi. Les Écossais n'en finissaient pas de se ressembler, avec quelque chose de pathétique dans leur débauche d'énergie. C'est comme si les 25 000 licenciés lançaient toutes leurs forces vives contre l'opulent adversaire avec leur capitaine Ross Ford, partout présent au combat, mais leur immense Richie Gray (2,07 m, 130 kilos) fut moins fringant qu'à l'accoutumée.
Ce pathétique s'attacherait à la grimace de Rory Lamont, sorti sur une civière à la trentième minute, jambe cassée. Il y aurait encore, pour nos losers les plus chers, la possibilité d'espérer avec, à la cinquante-sixième minute, l'essai de Lee Jones sur son aile. Mais l'équipe de France avait du cœur et de la tête pour justifier sa réputation d'équipe de contre. C'est ainsi que Julien Malzieu, déjà en vue face aux Italiens dans ses chevauchées endiablées, parviendrait cette fois à s'extraire pour servir Maxime Médard à l'intérieur ; 20-17 au bout de une heure de jeu, rien n'était glorieux pour cette équipe de France flottante en touche, souvent à la faute, mais capable de s'accrocher, de ne pas céder. En cela, Thierry Dusautoir, avec sa vingtaine de plaquages, s'était encore imposé comme un capitaine exemplaire, symbolique, en ce sens qu'il affichait les atouts et les limites de son équipe de Bleus si peu foncés. Et, à la fin (17-23), c'était encore les émouvants Écossais qui quittaient le terrain avec des têtes de vaincus.

En quelques minutes, Maxime Médard passerait de cet instant d'allégresse après l'essai à une grimace de souffrance au moment de sortir, sur blessure, du terrain et du Tournoi.

Sans marquer d'essai, Yoann Maestri, autre débutant, deviendrait le Fofana de l'avant pour imposer abattage et autorité.

LES CLERMONTOIS

Destins croisés

L'un débutait, l'autre revenait ; deux joueurs de Clermont qui, associés au bel ancien Aurélien Rougerie, formaient une ligne de trois-quarts auvergnate à un Toulousain près, Vincent Clerc. Ces quatre-là inscriraient les quatre essais français pour en rajeunir beaucoup, entre ceux qui jouaient et ceux qui écrivaient. Car, dans *L'Équipe,* il nous serait rappelé qu'il fallait remonter au 12 décembre 1971, à Béziers, victoire 31-12 contre la Roumanie, pour retrouver cette excitante particularité, quatre essais de l'équipe de France marqués par chacun de ses trois-quarts. Même Jo Maso, l'un des quatre de ce temps-là, avec André Dubertrand, Claude Dourthe et Jack Cantoni, ne s'en souvenait pas. Donc, dans l'ordre des présentations, le débutant de 24 ans du nom de Fofana, prénom Wesley, avait dévoilé, au plus haut, un tempérament de puncheur en intervenant plusieurs fois dans la ligne avant de conclure en fin de match sur les bords de la touche. On apprendrait que le natif du XIVe arrondissement de Paris n'avait pas suivi les envies de son père, Moustapha, originaire de Bamako et amoureux de football et du Paris-Saint-Germain, auquel il s'était abonné. Car le virevoltant Wesley, poussé par un professeur de bon goût, avait découvert le rugby en traversant la cour de son collège avec le ballon sous le bras, jusqu'au moment où on lui confirmerait qu'il pouvait le passer en arrière. Depuis, il avait changé ses rapports à ce sport accueillant, pour confier, au soir de son premier essai et de sa première sélection : « J'aimerais remettre le smoking. » Nul n'oserait le contrarier. De son côté, Julien Malzieu crèverait les écrans à la trente-cinquième minute en laissant la fugace impression, course rythmée, crochets, raffuts, d'un Lomu blanc. Trois semaines plus tard, sur la même herbe du Stade de France, Julien Malzieu et Wesley Fofana garderaient une bonne partie de leurs rôles. Le premier restait un revenant, car l'adversaire avait tout pour lui rappeler ses débuts quatre ans auparavant, à Murrayfield, premières embardées en bleu, premier essai. Cette fois, il ne marquerait pas, mais remettrait ça dans le raffut le long de la touche avant de libérer Maxime Médard pour l'essai entre les poteaux. Malzieu nous rappelait ce moment où il s'était rendu disponible dans un autre décor. On s'était donné rendez-vous sur le pré de notre village de Lozère, dont il partageait le nom. Sa ville natale du Puy n'était pas loin à vol d'oiseau plutôt grand, mais Malzieu découvrait Le Malzieu avec des candeurs de débutant. Il était en pays conquis et ne quitterait pas Clermont-Ferrand, contrat rempli puis renouvelé pour longtemps. Quant à Fofana, il se répéterait par sa tranchante manière de ne pas passer le ballon sitôt la ligne approchée. Cette fois, c'est Vincent Clerc qui, d'une splendide passe sur un pas, lui donnerait l'invitation à s'échapper. Adroit et véloce, le trois-quarts de marque Wesley trouverait le meilleur angle de course avant de plonger avec bonheur. Ainsi allait l'équipe de France dans sa manière de fêter les destins croisés. Ces drôles d'Auvergnats avaient chauffé les cœurs des supporters. C'était toujours ça de pris avant le grand froid du reste du Tournoi.

Les deux Clermontois, Wesley Fofana et Julien Malzieu, se distingueraient, l'un par un deuxième essai, l'autre par de belles retrouvailles avec le terrain de ses débuts en équipe de France, quatre ans après.

Grand coup de froid sur le Tournoi jusqu'à l'annonce, en toute dernière minute, du report de France-Irlande. Ce n'était pas le naufrage du Titanic, *mais le rejet des responsabilités confirmerait que les relations entre la Fédération et le paquebot du Stade de France étaient elles-mêmes glaciales.*

1:20
M 11 FEV
Le comité des
6 nations sur décision
de l'arbitre reporte le
match conservez
vos billets
XV
Orange
SUD

FRANCE-IRLANDE

TRÉPASSER AU VERT

L'attente du dégel avait duré trois semaines. Il s'agissait du délai imposé par l'annulation, à la dernière minute, du match prévu un soir de février. Un petit soir, en vérité, tant les approximations et les atermoiements avaient révélé le gâchis. Certes, le Tournoi, le bon vieux, le magique, n'était pas le *Titanic* et ne coulerait pas, mais on devinait que cette nuit glacée annonçait l'agonie du Stade de France promis au rugby. En effet, un autre paquebot battant pavillon FFR était en prévision, sinon en construction. En attendant, sur le ton du « c'est pas moi, c'est l'autre », ces messieurs les décideurs nous avaient beaucoup amusés. Et David Douillet, le ministre des Sports en place, avait conclu par un aveu de circonstance : « Nous avons frôlé la catastrophe. » Dès lors, et pour un dimanche après-midi cette fois, il s'agissait de savoir si l'équipe de France pourrait poursuivre la croisière annoncée ou bien devrait sortir les premiers canots de sauvetage. À la barre, Philippe Saint-André avait déjà déploré l'enchaînement de quatre matches d'affilée. Cette inquiétude de celui que le milieu appelait désormais « PSA » pouvait paraître curieuse dans un monde professionnel. En revanche, le même avait peu touché à son équipe, et il ne s'agissait pas, à nos yeux, d'un signe de frilosité. Il convenait de trouver l'équilibre pour un passage de flambeau annoncé entre les partants et les arrivants. Tout juste pouvait-on discuter de la mise à l'écart de Louis Picamoles, jugé mollasson dans son départ contre les Écossais. Mais, comme il s'agissait de rétablir Julien Bonnaire à son poste pour l'associer à Imanol Harinordoquy et à Thierry Dusautoir, la matière à contestation était réduite. Il en allait de même pour le maintien de Dimitri Szarzewski, qui n'avait pas été à son meilleur jusque-là, mais que l'on pouvait mieux préparer à la succession de William Servat. La deuxième retouche avait été imposée par la blessure en plein vol de Maxime Médard. Comme Clément Poitrenaud avait été rappelé pour le remplacer, cette affaire de relais entre Toulousains de qualité rassurait. Par ailleurs, la paire de demis la plus vive, Parra – Trinh-Duc, était maintenue avec de bonnes intentions de PSA : « On a envie de continuer avec eux, de jouer. On essaye de trouver des solutions. » De leur côté, les Irlandais avaient moins de choix pour compenser l'immense absence de Brian O'Driscoll, blessé et obligé de manquer son premier Tournoi depuis 2000. McFadden et Earls, qui lui avaient succédé, ne faisaient ni la paire ni l'affaire. Mais le grand thème repris par la presse pour présenter ce match serait : « Réussissez l'entame ! » Cet appel s'adressait à une équipe de France plus lente à l'allumage que l'adversaire. L'entame, c'était joli, propre au rugby. On y voyait ce jambon coupé d'un bon appétit. Tant d'espérance suscita-t-il la crispation, une inhibition ? Toujours est-il que le public resta sur sa faim dans le même temps où les Irlandais passaient au feu vert d'entrée. Et de marquer, au bout de un quart d'heure de jeu, un premier essai sur l'aile par Tommy Bowe, lancé par une large passe… d'Aurélien Rougerie sur l'extérieur. Vingt minutes plus tard, le même touchait son deuxième ballon pour une autre évasion, cette fois avec coup de pied, accélération et feinte de passe à la clé ; 17-6 pour les Irlandais à la mi-temps, le match des Français était lancé. Il y eut, dès la… cinquante et unième minute, la flamme de Wesley Fofana pour relancer l'espoir, avec son troisième essai en trois matches. Et l'indécision qui suivit, soit un 17-17 pour les cinq dernières minutes. Mais deux drops, face aux poteaux, d'un spécialiste aussi recommandé que Lionel Beauxis furent autant de tentatives ratées, contrées. D'évidence, ce nul avait un goût de défaite pour une équipe de France déboussolée.

Clément Poitrenaud prit le relais de son partenaire toulousain Maxime Médard pour se relancer au meilleur de ses qualités.

Julien Bonnaire, sur le chemin de ses 34 ans, voulut démontrer à Andrew Trimble qui était le plus vert des deux.

YOANN NEUF

Et voici O'Maestri

Déjà, contre les Écossais, on avait remarqué la puissance placide de ce gaillard de l'avant annoncé à plus de 2 mètres et 110 kilos, un grand et beau morceau de pousseur et plaqueur, sauteur et déblayeur. Yoann Maestri avait remplacé Lionel Nallet en un relais intéressant à ce poste où les cracks se font rares dans le cheptel français. Renseignements pris, on avait noté un autre relais, celui-ci réussi, entre Philippe Saint-André et Yannick Bru. Le premier l'avait lancé à Toulon, le second peaufiné à Toulouse. Voilà comment ce nouvel attelage d'entraîneurs à la tête de l'équipe de France en profiterait pour apprécier l'évolution de ce joueur de combat à l'appel d'un deuxième match qui tenait du test personnel malgré tout ce que le rugby exige de sens collectif. Car, cet après-midi-là, à Saint-Denis, Maestri avait rendez-vous avec ce qui se fait de mieux sur le continent depuis si longtemps, un certain O'Connell. On lui promettait, comme à tant d'autres, le supplice du « Roux ». Il y trouva, au contraire, l'occasion de batailler comme un grand. C'est ainsi que la nouvelle comptabilité du rugby, celle qui aime à ajouter des chiffres aux impressions visuelles, dénombra une dizaine de plaquages et quatre prises en touche. Mais le plus important se tenait dans les mots du meilleur des deuxièmes lignes en Europe, ce monsieur Paul, le grand O'Connell, quatre-vingt-trois sélections au compteur, devenu capitaine de l'équipe d'Irlande à 32 ans, en remplacement de Brian O'Driscoll. Cette fois, le patron, qui participe peu à la course aux micros, tint à s'exprimer pour saluer le Français de huit ans son cadet : « Je l'avais vu à la télé, grand et costaud. Mais j'ai été frappé par la capacité d'un joueur avec un tel gabarit à se relever si vite. Il plaquait et se rendait disponible pour intervenir immédiatement sur l'action suivante. Je pense qu'il est là pour un bon petit moment. » La réplique vint à hauteur et avec respect : « J'ai l'impression qu'il n'est pas tellement lent pour se relever, lui non plus. Et c'est lui qui est en haut du rugby mondial depuis dix ans. » On était entre gentlemen tout-puissants. Auparavant, le nouvel intronisé avait réagi d'une même mesure selon les règles non écrites des soutiers de l'avant. C'est tout juste si Maestri, impassible, s'était permis une pointe d'affection en direction de la famille : « Homme du match ? Cela fera plaisir à ma grand-mère. Sinon, je m'en fous. C'est toujours surprenant pour un des cinq de devant d'être récompensé. » Et, avec ça, il avait déploré de ne pas avoir gagné sur ses terres, ce qui allait de soi pour un sujet habitué à défendre celles de Mayol après avoir touché ses premiers ballons du côté d'Hyères. Tout y était, donc, d'un début remarqué là où le rugby français s'appuyait surtout sur les progrès d'un Papé. Et c'est ainsi que l'on commença à se familiariser avec cette forte nature cultivée à Carqueiranne, enrichie à Toulon, et qui était en train de s'épanouir dans les parages du Capitole. Un Irlandais, fût-il brun et un brin italien, dans le pack français, voilà qui faisait du bien. Et promettait. O'Maestri était né.

Si Yoann Maestri ne sortit pas du terrain la tête haute, ce fut simplement pour se plier au gracieux protocole de « l'homme du match ».

Au rendez-vous des Anglais, Lionel Beauxis, flanqué de Julien Dupuy, fut invité à démontrer que son autorité au pied serait un atout pour l'équipe de France. L'affaire tourna court, et la malicieuse expression de « la charnière qui grince » retrouva ses beaux jours.

GILBERT

FRANCE-ANGLETERRE

Les clés étaient anglaises

L'équipe de France était donc, dans le concert des médias, délestée de l'obsession du Grand Chelem, laquelle reprend chaque année sitôt la deuxième victoire enregistrée. Mais il restait la possibilité encore très évoquée d'une victoire dans ce Tournoi, à condition de battre les Anglais et les Gallois. Et, avec ça, il était demandé au diesel français de ne pas mettre trop de temps à chauffer ; 10 points de retard face aux Écossais, 11 contre les Irlandais, le tout pour se lancer, cela suffisait. Il fallait être à la hauteur de ce rendez-vous rituel et croquer dans l'événement désormais appelé « crunch », une gourmandise langagière. Philippe Saint-André était très apprécié des Anglais depuis ses passages comme joueur à Gloucester et comme manager à Sale, avec deux titres de champion décrochés en 2002 et en 2006. Il était écrit que « Philippe Saint Andrew », par ses succès obtenus chez nos chers voisins, serait respecté, et son équipe de France peut-être mieux traitée par les confrères. Mais le jeu, le fameux *good game* que les uns et les autres souhaitaient utiliser à la fin du match sur un petit air victorieux, restait la première préoccupation. Quant à l'ambition, elle nous paraissait, en toute subjectivité, limitée, compte tenu du profil des demis choisis. Car PSA, au moment de désigner Julien Dupuy et Lionel Beauxis, avait précisé : « C'est un ajustement stratégique. » Et d'ajouter : « Le but est d'avoir du jeu au pied très long pour contrer le jeu d'occupation des Anglais. » C'était le monde et la réputation renversés, dès lors que les Anglais, avec le duo tout nouveau, tout frais Dickson-Farrell, trois sélections chacun, souhaitaient garder le ballon en mouvement pour faire courir les Français et, si possible, lancer, plein fer, Tuilagi, d'origine samoane et fleuron d'un ensemble un brin exotique. D'évidence, chez les Bleus, le mot d'ordre consistait à partir du bon pied. Pour avoir joué une quarantaine de rencontres ensemble entre 2009 et 2011, Dupuy et Beauxis sécurisaient la majorité. Mais le rideau blanc anglais et l'intensité imposée réduiraient leurs possibilités, révéleraient une fébrilité. Les clés étaient anglaises, chez eux, rien ne grincerait. Dès la septième minute, Dickson sèmerait la panique dans les lignes bleues. Et, sept minutes plus tard, Farrell récupérerait un ballon cédé par Dusautoir, une rareté. Aussitôt libéré, Tuilagi prendrait de vitesse Rougerie pour planter l'essai dans le coin droit. Et, du bord de la touche, Owen Farrell confirmerait tout le talent de ses 20 ans. À la main, au pied, il était bien né, puisque son heureux géniteur avait pour prénom Andy, une star treiziste de la Rugby League. Dix minutes après, ce serait Bonnaire, le plus régulier d'entre tous, qui ajouterait son erreur, premier plaquage manqué, ce dont profiterait Morgan, 23 ans, trois sélections, l'époustouflant troisième ligne centre anglais pour envoyer, d'une passe chistera s'il vous plaît, l'arrière Foden à l'essai. À 6-14 à la mi-temps, l'équipe de France pouvait, habitude pesante, prendre un remontant. Mais c'est encore Farrell qui profiterait d'un ballon récupéré pour lancer une nouvelle opération boomerang, laquelle aboutirait par une plongée du troisième ligne Croft entre Harinordoquy et Rougerie, à la mer. De pénalité en pénalité, les Français étaient revenus à 2 points (15-17), un sauvetage était encore espéré. Cette fois, à 15-24, le tocsin pouvait sonner. Le troisième essai de Fofana dans le Tournoi fit lever, à 22-24, une nouvelle espérance. Il y eut même, à la dernière minute, un drop de Trinh-Duc pour que passe le frisson dans le Stade de France. Mais il manqua des centimètres sous la barre. Le miracle n'aurait pas lieu, la Coupe du monde était finie.

À son habitude, Imanol Harinordoquy, toujours remonté, sut se distinguer contre les Anglais. Mais le jeu de l'équipe de France ne parvint pas à s'élever.

O2
12

C'est le moment, belle et noble image du rugby d'aujourd'hui, où l'équipe battue rend hommage aux vainqueurs. Les Bleus avaient espéré des rôles inversés. Et le fameux good game *redevint amer pour eux.*

L'ADIEU DU STADE

Trois vieux guerriers s'en sont allés

Malgré son professionnalisme, qui, chaque saison, gagne en rigueur, le rugby n'a pas renoncé à l'une de ses nobles coutumes et permet à ses « meilleurs serviteurs », comme il se dit et se vit, d'en finir sur une affaire de cœur. C'est cela, de s'effacer à la faveur d'un dernier Tournoi, salut aux travées et à la compagnie, on aura passé une belle jeunesse, merci. C'est ainsi que trois des valeureux et malheureux finalistes d'Auckland savaient que ce France-Angleterre serait le dernier d'une vie en bleu dans le grand théâtre du Stade de France. Cinq mois auparavant, ils étaient revenus au pays sur une radieuse surprise. Après un voyage retour de trente-six heures, ils avaient quitté l'avion pour monter dans un bus, direction place de la Concorde. C'est Lionel Nallet, l'un des trois, qui raconte : « On ne savait pas ce qui nous attendait. On faisait un peu les cons, on se disait qu'il y aurait de 1 000 à 2 000 personnes. Quand on a vu la foule, on s'est tus. » En ce dimanche 11 mars, ils seraient beaucoup plus nombreux à Saint-Denis pour que soit ressentie une autre émotion, une fin avec un petit goût de chagrin. Voilà comment ils furent trois vieux guerriers à achever leurs relations avec les Anglais sur une grimace, un mauvais tiraillement. William Servat, 34 ans, quarante-neuf sélections, avait débuté par une victoire 24-21 dans ce même espace contre cette même Angleterre. Julien Bonnaire, 33 ans, soixante-quinze sélections, avait vécu son premier affrontement contre les Anglais en 2005 à Twickenham, victoire 18-17, merci Yachvili. Lionel Nallet, 35 ans, soixante-dix-sept sélections, avait goûté aux saveurs du « crunch » dès 2001, un souvenir amer avec une cinquantaine de points (19-48) endurés. C'est encore lui, compagnon de Chabal, mais grand barbu discret, qui connaîtrait le plus de fortunes diverses contre ses adversaires privilégiés. Et tous trois, après s'être imposés avec autorité (19-12) au rendez-vous de la Coupe du monde de 2011, se retrouvaient en ce dimanche de mars sans un mot, défaits. Il en allait ainsi de ces joueurs de l'avant à l'instant de quitter le pré d'une marche lente, toute de noblesse et de sourde intensité, au rythme des gens de la terre, ce qui relie une société entière au respect de l'adversaire. Il y avait là le poids de ce qu'ils avaient connu, des défaites en particulier. Quelques mots délicats raconteraient l'émotion qui avait précédé. À l'exception de Lionel Beauxis et de François Trinh-Duc, qui avaient reçu leurs maillots des mains de Franck Mesnel, les autres s'étaient vu remettre la tunique bleue par Lionel Nallet, William Servat et Julien Bonnaire. Le rugby y vivait quelque chose de grand en toute simplicité. Sur la pelouse du Stade de France, Imanol Harinordoquy, élu homme du match, demanda au public de les « applaudir chaleureusement ». Et Pascal Papé dut étouffer son beau projet de porter l'un des trois, Lionel Nallet, ancien partenaire de Bourgoin, sur ses épaules : « Il l'aurait mérité, et les deux autres aussi. » Et chacun de se demander si Philippe Saint-André, qui parlait d'eux comme des « trois grognards », reviendrait sur sa décision de ne pas sélectionner Lionel Nallet contre les Gallois, pour le cas où le Grand Chelem et le Tournoi ne seraient plus en jeu. Au prétexte qu'il fallait préparer la tournée contre les Argentins, il resta sur leur arrangement et n'en fit rien. Il était permis, encore et toujours, de déplorer l'application de cette lettre au détriment d'un bel esprit du rugby.

Il y eut ce moment délicat où les trois « vieux guerriers » de tradition durent s'effacer du paysage du Stade de France. Le cœur et le pas lourds, Lionel Nallet, William Servat et Julien Bonnaire se plièrent une dernière fois aux duretés de ce jeu.

SOCIETE
GENERALE

WRU

Privée de toute ambition au classement, l'équipe de Saint-André aurait pu se montrer ouverte, et pas seulement dans sa volonté de ne pas fermer le toit du Millennium, où menaçait la pluie. Raté, l'esprit français n'était plus ce qu'il était.

GALLES-FRANCE

SANS TOIT, MAIS AVEC FOI

La finale tant attendue ne serait pas grande, mais l'on pouvait toujours espérer en une belle partie de rugby dans une épreuve appelée Tournoi et dont la différence avec toutes les autres, dans tous les sports, suggère une noble idée de chevalerie. Voilà comment, accrochés à une vieille manie qui nous fait préférer l'esprit à la lettre, on se sentit, mille et une excuses pour ceux qu'un sentiment patriotique habite au moindre rendez-vous, plus Gallois que Gaulois. Car les Français multiplièrent les messages qui étaient autant de signes de régression, de pauvre ambition. Et le premier d'entre eux, dans l'ordre des responsabilités, s'y distingua. C'est ainsi que Philippe Saint-André donna un étrange diagnostic sur ce Tournoi qui en terminait : « Je n'ai pas un sentiment d'échec. Contre l'Irlande et l'Angleterre, on a la balle de match pour gagner, ça se termine par un nul et une défaite. On n'était pas loin d'arriver invaincus à Cardiff pour y jouer une finale. » Certes, on n'allait pas apprendre le rugby à l'ancien ailier au palmarès bien étoffé, sinon que ce sport, pour des affaires de rebonds, de trajectoires de ballon, n'en finissait pas de narguer toute rationalité pour rester si souvent une affaire de cœur plus que de raison. Et les Gallois étaient bien placés pour le méditer, eux qui, cinq mois auparavant, avaient échoué de 1 point et de quelques centimètres sous la barre, à quatorze contre quinze pendant une heure contre le même adversaire tout en assurant l'essentiel du jeu avec le seul essai marqué. L'équipe de France, défaite dans ce Tournoi, sans style ni autorité, n'avait pas connu pareille infortune. Les signes seraient le refus de jouer avec le toit ouvert malgré la pluie annoncée afin de permettre aux joueurs de disposer d'un… GPS. En d'autres temps, il est vrai héroïques, le jeu de l'équipe de France se sentait toujours contrarié par la menace de la pluie, laquelle était censée profiter aux Britanniques. Mais encore, le maintien de Beauxis à l'ouverture, la titularisation de deux deuxièmes centres, Rougerie et Fritz, ainsi que la mise à l'écart du meilleur passeur, Mermoz, dévoilaient des intentions à la baisse, une ambition rabougrie. Et une partie de la presse de surenchérir sur l'air de « gâchez-leur la fête ». S'il ne s'agissait pas de faire de ce défi un match de charité, ne pouvait-on pas en profiter, Tournoi perdu, classement sans importance, pour donner du goût et de l'élan à une équipe de France et l'inviter à être digne de la fête ? Elle n'y réussit qu'une entreprise dans laquelle, en effet, elle excellait, celle de contrer et de contrarier l'opposant, défense inversée ou pas, mais coups de casque à volonté, là où son respectable capitaine restait le premier. Voilà comment Thierry Dusautoir et les siens ne furent pas avares de plaquages pour couper les ailes de cette jeune équipe qui occupait le terrain, tenait le ballon, mais ne se montrait jamais souveraine. Car, d'une finale à l'autre, les Gallois ressemblaient, dans leurs crispations, aux Néo-Zélandais sur leurs terres face aux mêmes adversaires. Rien n'était flamboyant chez eux, mais la ferveur crépitait, et les chœurs s'élevaient pour trouer le ciel. L'ironie voudrait que leur unique essai soit le fruit d'une récupération sur un ballon remonté par Palisson et, cruelle exception, perdu par Dusautoir. En une passe, un symbole dans un jeu qui s'y cantonnait, Phillips lança Cuthbert, dont le 1,98 mètre et les 104 kilos déchirèrent le rideau bleu jusqu'à la triomphale plongée. L'autre ironie serait le méli-mélo français où Parra retrouva l'ouverture et Trinh-Duc l'arrière, comme un retour au laboratoire Lièvremont ; 16-9, les Gallois restèrent à portée de l'impossible essai des Français. Le peuple leur fit fête, l'esprit du rugby était servi.

Il fallut l'essai haut la main d'Alex Cuthbert pour libérer des Gallois oppressés par l'enjeu et les Français. Même ouvert, le Millennium manquait d'air.

WRU
1089
Admiral

Et l'on revit la flamme de Florian Fritz au centre de l'équipe de France. Il en faudra plus, toutefois, pour s'embraser à nouveau.

15
Admiral
12

GLOIRE AUX GALLOIS

Le feu sacré

Peut-être fallait-il à la mémoire française revenir trente ans en arrière, dans cette nuit de Séville où l'équipe de France de football de Michel Platini avait perdu pied contre les Allemands de Harald Schumacher, pour imaginer ce que « tout un peuple » avait ressenti, dans des conditions différentes, le 15 octobre 2011. Oui, différentes, car l'arbitre avait frappé. Alain Rolland, qui a de belles raisons de parler français, avait vu rouge pour Sam Warburton, coupable d'un plaquage cathédrale sur Vincent Clerc. Dans les matches précédents, pour des actions similaires, ses collègues avaient vu jaune. Mais, cette fois, avant même de savoir si le joueur bleu se relèverait ou pas, il venait d'imposer à une équipe de jouer pendant soixante-deux minutes d'une demi-finale de Coupe du monde à quatorze contre quinze. Et l'on se souviendrait longtemps de cet œil-caméra qui traquerait le jeune capitaine sur son banc d'infamie. Il n'empêche, ces Gallois, qui n'étaient pas des dragons mais se montraient aussi superbes et généreux que des lions, repartiraient à l'assaut et même à l'essai, marqué par le neuvième avant échappé, Mike Phillips, un futur Bayonnais. Pour quelques centimètres d'une transformation ratée et une ultime pénalité pas assez frappée, ils échoueraient de 1 point (8-9), et cette sourde détresse nous resterait. Cette demi-finale de Coupe du monde ne serait pas plus recommencée que celle de Séville. Mais les uns et les autres, au cœur de cet authentique « chagrin national », y penseraient au moment de retrouver les Français. Et ils s'évertueraient à répéter qu'il n'était pas question d'une « revanche à prendre », seulement d'une finale à gagner. Ce fut fait. Cette fois, casque enlevé, quelque chose de poupin révélé, Leigh Halfpenny fit briller sa réussite au pied, et, malgré deux pénalités sur les poteaux, les Gallois restèrent devant, avec, au passage, un essai de plus. Voilà comment, après avoir goûté aux joies glaciales de la cryothérapie près de Gdansk, ces jeunots (neuf d'entre eux avaient moins de 25 ans) firent vibrer les rougeauds comme aux plus chaudes heures pour décrocher le onzième Grand Chelem de l'histoire galloise, le troisième des années 2000. Ils étaient passés du grand froid polonais au feu sacré d'un Millennium avec des *Land of My Fathers* à pleurer. Il y eut un fort moment d'émotion à l'écoute du silence à la mémoire de Mervyn Davies, capitaine du Grand Chelem de 1976, et de l'attendrissement pour retenir le sentiment d'un JPR Williams grisonnant : « Je suis fan de Halfpenny. » Quant à Warren Gatland, le sélectionneur, il fit cette déclaration d'amour à son équipe : « Ils me rendent le boulot facile, car ils font plus que ce qu'on attend d'eux. » Il n'y avait pas 10 points et 5 victoires d'écart entre ces Gallois et les Écossais, derniers avec la cuillère de bois et un zéro pointé. On se disait même que ces derniers forceraient la réussite pour leur acharnement à donner, à se donner. En attendant, au long de ce Tournoi qui avait repris du souffle, chez les Irlandais (23-21) et les Anglais (19-12), la malchance du Mondial s'était retournée, et le sort avait souri à ces Gallois de belle nature. C'est ainsi que, avant de se rendre au banquet, ils posèrent en smoking et avec nœuds papillon sur la pelouse humide du Millennium. Ce soir-là, les 46 324 licenciés de la principauté, contre plus de 400 000 en France, avaient quelque chose de princier. Tous ces Gallois méritaient la tenue de gala.

Le troisième Grand Chelem des Gallois en huit ans ne fut pas le plus enthousiasmant, mais il entraîna un juste soulagement. Une moralité l'emportait.

BS
NATI
LAM CHAMPION
RBS
WRU

Voilà comment le jeune capitaine Sam Warburton, marqué par le rouge de son carton en demi-finale de Coupe du monde, put afficher, cinq mois après, une coupe plus fière.

BILAN BLEU

Au bon leurre

Il y avait peut-être des comptes à faire, mais plus de contes à se raconter. L'équipe de France terminait à la quatrième place du Tournoi des Six-Nations, ce qui en décevait, voire choquait, beaucoup. Nous pensions, depuis le début, qu'il y avait malentendu, comme une tromperie sur l'étiquette et la qualité. Tout, dans l'estimation, reposait sur cette finale de la Coupe du monde, où l'équipe de France, en effet, avait fait déjouer des All Blacks déjà fort crispés pour échouer de 1 point (7-8), un doigt de pied. En ce 23 octobre 2010, à Auckland, et au plus haut de leurs possibilités, sous les yeux d'un arbitre, Craig Joubert, d'une tendresse annoncée pour des Néo-Zélandais qui ne pouvaient pas céder, s'incliner, Thierry Dusautoir et sa compagnie avaient fait le match de leur vie. Mais, pour toutes sortes de raisons, humaines et techniques, ils avaient frôlé le rêve doré. Et, sur ce seul match aux portes de l'exploit, une troisième humiliation à infliger aux Blacks dans une Coupe du monde, un statut trop lourd à porter, à déplacer, leur serait offert. L'appellation « vice-champions du monde » n'en finirait pas de leur être décernée, un détournement de réputation agirait. Nous avions titré dans notre chère *Attitude Rugby :* « Nos zéros sont devenus des héros. » On y était, en effet, tant les matches précédents, ceux de la qualification et celui de la demi-finale, relevaient d'un généreux concours de circonstances, et même, contre les Gallois, d'une arrogante chance. Il n'empêche, cette équipe était « vice-championne du monde », et ce Tournoi paraissait dessiné pour la combler. Mais, cette fois, le sort des larmes changerait, et Philippe Saint-André, rompu aux euphémismes et aux nuances feutrées, serait obligé de lâcher : « Très médiocre. » Il enchaînerait par une grimace, « il va falloir qu'on réfléchisse », et terminerait par une morale obligée : « J'ai confiance en l'avenir. » Il était hors de question d'accabler le mangeur-sélectionneur, surtout dans sa volonté de panacher entre le maintien d'une majorité de joueurs finalistes de la Coupe du monde et l'appel aux débutants. Du reste, trois de ces derniers, Wesley Fofana, Yoann Maestri et Jean-Marcellin Buttin, s'étaient montrés à leur avantage dans le même temps où Vincent Debaty continuait à promettre chez les piliers, tandis que Florian Fritz revenait. Mais, pour le jeu fourni, l'offensif en priorité, on repasserait. Sur les huit essais inscrits, aucun n'était l'aboutissement d'un mouvement travaillé à l'entraînement. En réalité, la France du rugby était partagée, dans ses paradoxes sur les bords de la schizophrénie, entre un championnat opulent et un XV de France trop lent, un Top 14 assez riche et un XV de France assez pauvre. La Coupe du monde, en sa finale inespérée, avait agi comme un leurre. Cette fois, aucun coup d'éclat n'était venu masquer la réalité. Et l'obsession de la prochaine Coupe du monde de 2015 faisait déjà des ravages, comme si ce sport ne pouvait pas respirer et s'épanouir autrement que dans sa manière de préparer un rendez-vous tous les quatre ans. Voilà comment, le Tournoi sitôt terminé, le rugby français passa aux assises, celles-ci étant organisées à Marcoussis. Il était toujours permis d'espérer en des lendemains qui chanteraient. Pour certains d'entre nous, amoureux transis, un autre leurre agissait, celui d'une identité faite d'audace et d'esprit de conquête retrouvés, d'une culture restaurée.

Philippe Saint-André et Thierry Dusautoir terminèrent le Tournoi sans gloire. L'avenir leur appartenait toujours, avec l'espoir d'une équipe de France enfin conquérante.

RENAULT
Orange
Orange

TOURNÉE

UNE TOURNÉE EN ARGENTINE ÉTAIT AU PROGRAMME DE LA FIN DE SAISON, MAIS LE CALENDRIER EN CHANGEA LA PORTÉE. POUR PRÉPARER LEURS DÉBUTS, ENFIN, DANS LE QUATRE-NATIONS CONTRE LA NOUVELLE-ZÉLANDE, L'AUSTRALIE ET L'AFRIQUE DU SUD, LES ARGENTINS MIRENT AU VERT LEURS VINGT-QUATRE MEILLEURS JOUEURS. C'EST AINSI QUE FLORIAN FRITZ RENOUA AVEC LE MAILLOT BLEU EN TOURNÉE CONTRE DES INCONNUS, RODRIGO BAEZ ET BRUNO POSTIGLIONI. L'ÉQUIPE DE FRANCE RECUEILLIT UNE GROSSE DÉCEPTION LORS DU PREMIER TEST, PUIS REDRESSA LA TÊTE UNE SEMAINE PLUS TARD. CERTAINES PROMESSES AVAIENT ELLES-MÊMES PERCÉ.

Une belle baffe

Cette étrange saison avait tout pour se terminer étrangement. L'équipe de France n'aurait même pas la possibilité de s'offrir une ou deux séances de rattrapage contre un adversaire de haut niveau. Certes, l'Argentine n'était pas devenue une petite nation de rugby, mais, pour la circonstance, elle s'était mise en modèle réduit. Tout cela parce qu'on lui permettait, enfin, de se joindre aux trois géants du Sud et de participer, avec l'Australie, la Nouvelle-Zélande et l'Afrique du Sud, au premier Quatre-Nations. Voilà comment les Argentins, qui bénéficiaient d'un conseiller de luxe en la personne du Néo-Zélandais Graham Henry, venu épauler Santiago Phelan, profiteraient de cette période pour mettre à l'herbage leurs vingt-quatre meilleurs Pumas. C'est ainsi qu'ils offriraient aux visiteurs français une équipe de remplaçants.
Une semaine avant le premier test, ils avaient disposé 37-22, quatre essais à trois, de l'équipe d'Italie, entraînée par Jacques Brunel. On avait tout juste repéré les silhouettes familières de l'ouvreur Felipe Contepomi, 34 ans, et du pilier Rodrigo Roncero, 35 ans.
Ces deux-là s'étaient distingués par un essai chacun, et Contepomi en avait même profité pour porter son total de points à 610 et dépasser le légendaire Hugo Porta. Bref, on s'interrogeait encore sur la légèreté d'un calendrier qui dévalorisait à ce point la notion de test-match. Philippe Saint-André, lui, ne voyait pas la chose du même œil, ce qui était pour le moins humain. Sa réputation de pragmatique n'était plus à prouver, surtout au moment de faire les comptes. Après son Tournoi des Six-Nations au bilan si famélique, l'équipe de France pointait désormais à la sixième place du classement mondial.
Or, il lui était impératif de figurer dans les cinq premiers pour se préserver d'un affrontement avec l'un des cracks du Sud ou l'Angleterre à l'occasion du premier tour de la Coupe du monde 2015. Pour cela, des victoires s'imposaient entre les tournées d'été et d'automne. La réserve argentine ne semblait pas en mesure de contrarier ce projet minimal. D'autant que les Argentins continueraient leurs travaux de préparation pendant une semaine après l'Italie tout en maintenant au capitanat un Contepomi sur la sortie. L'heure était aux expérimentations et même aux intronisations, comme celles de l'Agenais Brice Dulin à l'arrière et du Biarrot Yvan Watremez en pilier. Toutefois, le sélectionneur s'était appuyé sur une ossature de joueurs du dernier Tournoi où l'on remarquait, en premier, Pascal Papé. Car, en l'absence de Thierry Dusautoir, au repos justifié, il devenait capitaine, ce qui paraissait dans ses cordes, pas seulement vocales. L'occasion serait bonne d'enregistrer le retour de Yoann Huget sur son aile gauche, après une longue suspension pour manquements aux règlements des contrôles contre le dopage. Par ailleurs, chez les demis, Morgan Parra et François Trinh-Duc refaisaient la paire pour, on l'espérait, un nouveau départ à la recherche d'un supplément d'inspiration et d'autorité.
Il n'y eut rien de tout cela, au moins entre les deux compères, et, au bout de l'expédition, ce fut une nouvelle désillusion. Malgré de bons ballons gagnés, une mêlée d'une puissante efficacité, enfer et damnation, relâchement et démission, des chiffres et un résultat tombèrent en guise de punition. Car cette Argentine, entre le B et le C, l'emporta 23-20, deux essais d'Agulla et de Montero à un essai de Picamoles. Et Contepomi profita de l'indiscipline des Français pour ajouter trois pénalités et deux transformations à sa fière collection. À part ça ? Pascal fit du bon Papé en déclarant : « On a pris une belle baffe dans la gueule. On va aller à Tucumán pour gagner et laver l'affront. » L'équipe de France se donnait les ambitions qu'elle pouvait.

Brice Dulin profita de l'occasion pour débuter à l'arrière et montrer de bonnes dispositions.

2
12
VISA
VISA
VISA
ndard

Au bout de dix minutes, ce fut un premier retour d'essai serein pour Benjamin Fall. Cinq autres suivraient pour conclure un match trop disproportionné.

UN LÉGER VENT DE PROMESSE

Une bonne vieille révolte, le ressort principal de l'équipe de France, depuis longtemps, pour serrer les rangs et passer devant, était en route. Il fallait faire vite pour donner un peu de logique au rapport des forces et remettre les réservistes argentins à leur place. Santiago Phelan en profiterait pour retoucher ces derniers dans toutes les lignes, au total sept changements et autant de noms inconnus dans nos campagnes ovales. Philippe Saint-André, lui, déplorerait l'absence de respect pour le jeu et préciserait : « On donne treize points en première mi-temps, on fait de bonnes choses, on domine en mêlée, sur les impacts, on crée du jeu. On a eu l'opportunité, on a joué à quinze contre quatorze pendant dix minutes, et on redonne le ballon pour se faire battre. » Ce « on » était un aveu, quelque chose comme le joyeux et trivial « on est un con » de nos cours de récréation. Il était donc urgent de restaurer l'orgueil, de chasser le bleu nuit pour le bleu horizon. C'est ainsi que l'entraîneur de l'équipe de France fit appel dès le départ à Frédéric Michalak, l'une des plus grosses frustrations, de blessures en déceptions et en malentendus, du rugby français depuis de longues années. L'ancien Toulousain en avait fini avec une saison de Super 15 chez les Sharks sud-africains avant de rejoindre l'armada toulonnaise au cœur de Mayol. Il courait sur ses 30 ans, et il était toujours temps de lui donner un peu d'élan, un peu de chance, pour qu'il exprime encore et toujours son indéniable talent. À son côté, le demi de mêlée Maxime Machenaud, 23 ans, serait lancé, lui qui venait de passer d'Agen au Racing-Métro. Poussé par la dernière sortie pâlichonne du duo Trinh-Duc – Parra, Philippe Saint-André profitait logiquement de cette drôle d'expédition pour essayer sa cinquième charnière en sept matches. Et remettre en selle Maxime Mermoz, le meilleur passeur français, qui avait cessé d'être catalan pour devenir, lui aussi, toulonnais. En termes diplomatiques, Saint-André rappelait : « On a fait des expériences, comme les Argentins. Mais, au niveau des statistiques, ce serait bien de gagner ce match. » Bien sûr, les amateurs de la chose avaient répété que les Bleus restaient sur quatre défaites en Argentine et noté que, sur les neuf derniers matches, avec la Coupe du monde 2007 au passage, ils avaient perdu huit fois. À Tucumán, ils ne trouvèrent pas, selon un rituel pittoresque, l'enfer promis, mais surent saisir l'occasion de jouer au rugby. Et d'en profiter pour se donner le ballon et du plaisir tout en ramenant les choses et les réputations à un cours normal. Voilà comment, avec juste ce qu'il fallait de contrôle des nerfs et du ballon pour ne pas offrir une douzaine de pénalités à l'opposant, ils remirent leur jeu et les chiffres en place. Le premier essai vint au bout de dix minutes et donna le ton. Réception de Ouedraogo, transmission pour Machenaud, service à hauteur pour Mermoz, percée et offrande sur un plateau pour Fall. Le dernier survint à dix minutes de la fin par une ultime pénétration en force de Lepandry. Et Michalak de transformer les deux. Au total, 49-10, six essais à un. Friable en mêlée, inconsistante en touche, brouillonne partout, cette Argentine, non sans se débattre, avait joué selon ses faibles moyens. Et offert une triste sortie à son capitaine Contepomi. La France en avait tout de même profité pour saluer le retour d'un Michalak en jambes et d'un Mermoz souverain, avec une mention spéciale pour les débuts de Machenaud. Tous les Français, Patrice Lagisquet chargé des lignes arrière en premier, avaient été impressionnés par le registre affiché chez ce dernier. Ce n'était pas la folle liesse, mais l'équipe de France revenait au pays portée par un léger vent de promesse.

Quant à Frédéric Michalak, à nouveau titulaire cinq ans après, il repartit du bon pied, cinq transformations, trois pénalités, tout en distribuant le jeu au mieux.

Derrière un pack dominateur, la révélation fut Maxime Machenaud à la mêlée. Il récolta les compliments de Patrice Lagisquet, qui releva une performance impressionnante.

EUROPE

TROISIÈME SACRE EUROPÉEN (2009, 2010, 2012), À UNE LONGUEUR DU STADE TOULOUSAIN, POUR LE LEINSTER, DEVANT 81 744 SPECTATEURS PAYANTS À TWICKENHAM. CE FUT ENCORE UNE GRANDE FINALE, CETTE FOIS ENTRE IRLANDAIS. CINQ ESSAIS POUR LE LEINSTER, VAINQUEUR EN DEMI-FINALES DE CLERMONT (19-15), CONTRE UN POUR L'ULSTER, 42-14 À L'ARRIVÉE. C'EST TOUT LE RUGBY QUI A PROFITÉ DE TANT DE QUALITÉS DANS L'INTENSITÉ. BRIAN O'DRISCOLL ET LES SIENS PEUVENT CONTINUER À JOUER AVEC CETTE COUPE D'EUROPE CONSERVÉE. CE JEU, TEL QU'ILS LE SERVENT, A BESOIN D'EUX.

TWICKENHAM 2012
Bank of Ireland
Heineken Cup
LEINSTER
Bank of Ireland
Heineken Cup

QUARTS

Toulouse ne se ressemblait pas

Dix-sept ans après sa création, la Coupe d'Europe gardait de son prestige. Pour la première fois depuis 2009, les clubs français ne seraient que deux à se qualifier pour les quarts de finale, contre quatre lors des deux éditions précédentes, alors même que les Irlandais seraient trois. Castres et le Racing-Métro avaient démontré combien l'épreuve devenait difficile en terminant derniers de leurs poules sans démériter. Tel serait le destin de Montpellier pour sa première participation. L'équipe de Fabien Galthié avait pourtant bien débuté par un match nul sur son terrain contre le Leinster, champion d'Europe en titre. Et les finalistes du dernier Championnat de France échoueraient d'un rien à Bath, à la recherche d'un premier succès à l'extérieur. De son côté, Biarritz bataillerait jusqu'à la dernière journée avant de basculer dans le Challenge européen, où le Stade Français se distinguait. La logique s'imposerait dès lors que ce seraient les deux meilleures équipes du Top 14, Toulouse et Clermont, qui se qualifieraient pour les quarts. Une semaine auparavant, pour la clôture du Tournoi contre les Gallois, ils étaient huit Toulousains et sept Clermontois dans l'équipe de France. Toutefois, ces deux équipes, dominatrices en France, ne se retrouvaient pas en pays conquis. Mais l'on pensait généralement que les Toulousains disposaient de la meilleure chance de l'emporter puisque le rendez-vous avait été fixé par les Écossais d'Édimbourg à Murrayfield. Comme toujours, les pronostics s'appuyaient sur l'évidence, les chiffres, les palmarès. Avec ses six finales et ses quatre titres, le Stade Toulousain pouvait donner l'impression de posséder plus de clés que les Écossais. Il en était à son treizième quart de finale européen face à une équipe qu'il avait battue dix fois sur onze par le passé. Les esprits et les espoirs français étaient marqués par tant de matches contre les Écossais qui, vaillants mais impuissants, s'inclinaient le plus souvent dans les dernières minutes. Et l'habituelle ferveur de beaux supporters ne suffirait pas à retourner cette forte tendance. Certes, les Toulousains étaient affaiblis par les absences de Médard et de Clerc, lourd tribut payé au Tournoi, auxquelles s'étaient ajoutées celles de McAlister et de Millo-Chluski. Mais il se disait que le banc était beau et l'orgueil grand du côté de ce club devenu, sur la durée de l'épreuve, le premier d'Europe. Moralité, les Toulousains ne gagneraient qu'un titre dans l'affaire, le plus usé, jamais abandonné, celui de « la douche écossaise ». En effet, ceux d'Édimbourg, ardents dans toutes les lignes et si joliment remuants, démarreraient pied au plancher pour profiter d'une bévue de Matanavou dès la deuxième minute, premier essai. Le même Matanavou riposterait bien par un essai une demi-heure plus tard, mais jamais les Toulousains ne parviendraient à imposer une autorité malgré leur avance (14-10) à la mi-temps et deux cartons jaunes infligés à l'adversaire. On les verrait au contraire laborieux et si peu inspirés dans les enchaînements, incapables de jouer selon leur rang.
À l'arrivée, et après avoir enduré 14 points du pied de Greig Laidlaw, il leur resterait toutefois lucidité et dignité pour reconnaître la logique de leur défaite (14-19).
Le capitaine Thierry Dusautoir lâcherait, entre autres : « On mérite de sortir, il faut en tirer les leçons. » Quant au plus titré des entraîneurs en exercice, il ne pourrait effacer comme une certaine honte.
C'est ainsi que Guy Novès dirait à mots comptés, mais si justes : « Ça ne ressemble pas au Stade Toulousain. » Il restait aux mêmes à essayer de se rassembler autant que de se ressembler dans le Championnat de France pour conserver un certain bouclier.

Timoci Matanavou marqua un essai d'une allure altière, et le Stade Toulousain vira en tête (14-10) à la mi-temps. Mais les Écossais d'Édimbourg resserrèrent les rangs avant de s'imposer (19-14) sur leur terre.

EADS

Aurélien Rougerie fut de tous les coups, de main et de casque, pour sublimer Clermont au moment de franchir le cap de Saracens dans un élan enfin européen.

GARMIN

QUARTS

Nouvelle dimension pour Clermont

Toulouse, favori, à terre, il restait l'espoir d'un défi bien relevé par Clermont. Ce défi était imposé par les Saracens, soit le choc entre le deuxième du championnat anglais et le deuxième du championnat français. Le week-end précédent, avec 83 761 spectateurs réunis à Wembley, Saracens-Harlequins avait établi un nouveau record du monde pour un match de clubs. Cette fois, ils seraient beaucoup moins à Vicarage Road, mais l'épreuve s'annonçait difficile pour les Auvergnats. Et ceux-ci pouvaient avoir à cœur de démontrer qu'il était possible, après leur titre de champions de France enfin décroché en 2010, de rester jaunards sans céder au complexe des poissards. Pour cela, toute dramatisation était à éviter, et Vern Cotter, du haut de sa stature de héros de western, s'en chargerait. Il parlerait seulement de « moment de vérité ». Par deux fois, Clermont était parvenu à ce stade, en 2000 et en 2010, par deux fois la famille auvergnate s'en était repartie frustrée. Or, cette fois, les mêmes avaient déjà franchi le cap qu'était une qualification dans « la poule de la mort » sans pouvoir parvenir, toutefois, à décrocher un quart à domicile. Il n'empêche, on sentait cette équipe déterminée comme jamais, avec la possibilité, en cas de victoire, de découvrir la demi-finale, et ce en territoire plus familier, celui du stade Chaban-Delmas de Bordeaux. Il faudrait simplement pousser et passer devant le champion d'Angleterre, où une colonie sud-africaine complétait une belle brochette d'internationaux anglais, Stevens, Borthwick, Botha, Wigglesworth, Hodgson, Farrell, Barritt, Strettle. Les Clermontois y parviendraient sans s'infliger une fin de match cauchemardesque pareille à celle qu'ils avaient vécue deux ans auparavant pour s'incliner d'un souffle (28-29) face au Leinster sur un ultime drop manqué de leur ouvreur Brock James. Or, celui-ci profiterait, dès la troisième minute, d'une nouvelle blessure de David Skrela pour démontrer combien son statut de doublure pouvait paraître, à certains d'entre nous, immérité. Au total, d'un pied agile et précis, relâché et inspiré dans les autres secteurs, l'Australien empilerait les pénalités pour accumuler 17 points et rater une seule pénalité. Les Auvergnats imposèrent leur supériorité dès le début de la deuxième période. L'arrière Lee Byrne profita d'une magnifique action lancée par Hines puis relayée par Rougerie et Parra pour marquer sans difficulté en coin. Les Anglais ne s'en remettraient jamais, tandis que James ajouterait des points, dont un drop de 40 mètres. À l'arrivée, contrés, étouffés, les Anglais subiraient une défaite impressionnante (3-22) dans le même temps où les Français franchiraient le fameux cap. Avec la réussite de Brock James comme un symbole, la preuve avait été donnée chez un adversaire de qualité que Clermont, d'un jaune éclatant désormais, venait de changer de dimension. Cependant, rien n'était assuré pour la suite, sinon l'évidente philosophie qu'en tirait Vern Cotter au moment de considérer le destin d'une équipe qui avait cessé d'être obsédée par la conquête du bouclier : « Le club courait depuis un siècle derrière ce Brennus. Il fallait d'abord en passer par là, c'est fait. On veut maintenant faire aussi bien sur la scène européenne. » Pour cela, il lui faudrait passer l'obstacle représenté par les Irlandais du Leinster, tout simplement champions d'Europe en titre et faciles vainqueurs (34-3) des Gallois de Cardiff. Il ferait chaud à Bordeaux, aussi vrai que l'Ovalie chérie était habitée par d'autres rêves continentaux tels que le Challenge européen les entretenait, puisque Toulon, le Stade Français, Biarritz et Brive s'étaient donné rendez-vous en demi-finales. Hors de tout débat politique, il était dit que l'Europe du rugby proposait un nouveau paradis.

L'engagement entre Anglais et Français ne déçut personne, et l'arrière clermontois Lee Byrne en garda des marques de sang.

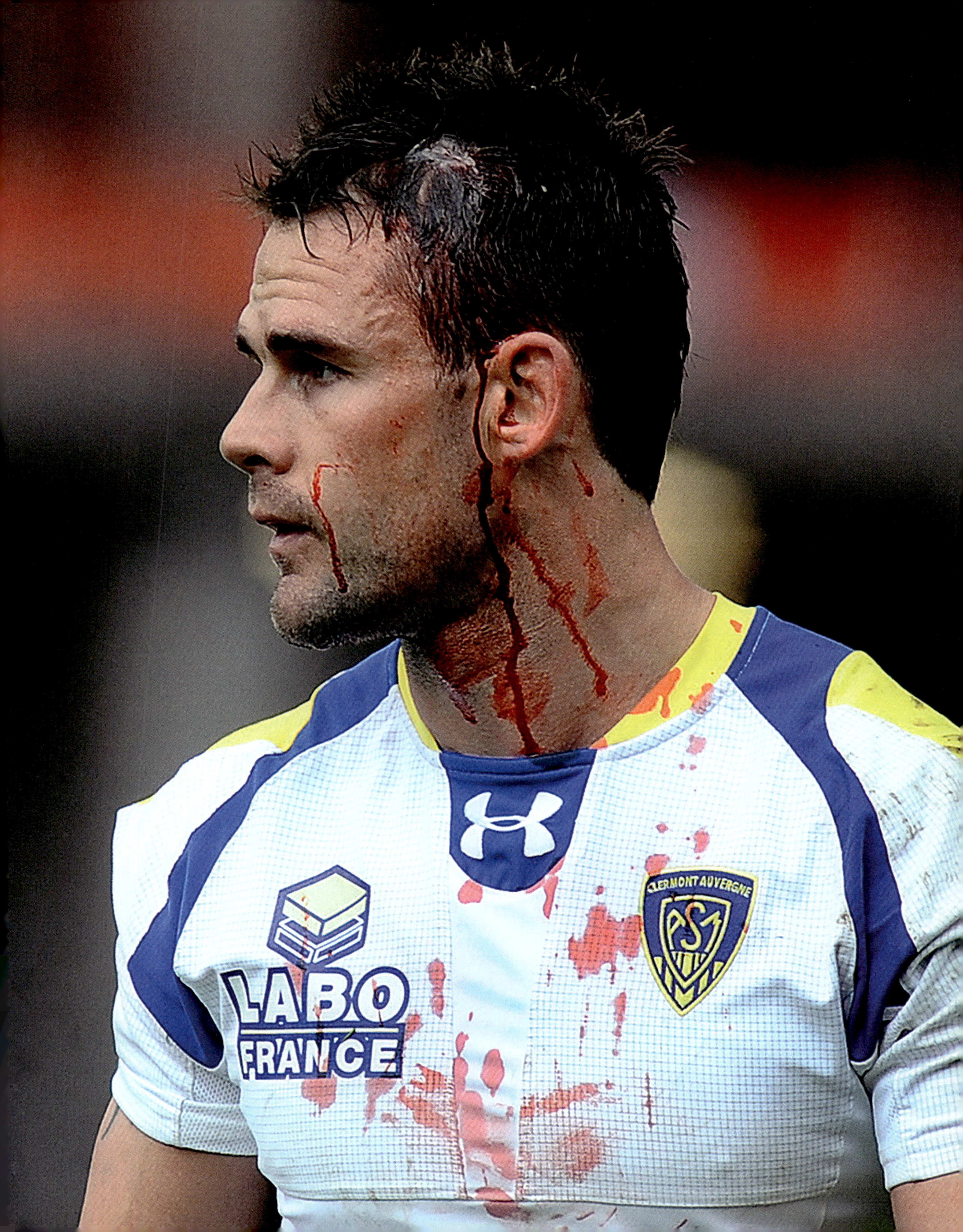
LABO
FRANCE
CLERMONT AUVERGNE

Quant à Jean-Marcellin Butin, il en profita pour confirmer que sa saison était belle entre ses débuts en équipe de France et son épanouissement en Auvergne.

À TROIS DOIGTS

La grande affaire à ce point répétée était entendue, la belle famille clermontoise, joueurs, dirigeants, habitants, voyaient dans ce rendez-vous quelque chose de très grand. Vern Cotter sentait dans cette fervente approche une poussée comme jamais, et le président René Fontès en rajoutait : « Jamais je n'ai vu les joueurs aussi déterminés, même avant nos finales du Top 14. Jamais ils ne se sont préparés avec une telle intensité. » Dans ces « jamais », il y avait tout à la fois l'aveu d'un enthousiasme exceptionnel et le risque d'une dramatisation. Toutefois, la ville et les siens connaissaient cette dernière pour l'avoir longtemps entretenue jusqu'à ce jour de 2010, la dixième finale de leur histoire, où ils s'en étaient libérés au moment de brandir, enfin, le fameux bouclier. Le sage et si respectable Jean-Marc Lhermet, plus qu'un manager, résumait la portée de ce nouveau défi : « Ce titre a été une étape fondamentale de notre développement, qui a changé notre image au niveau national. Une Coupe d'Europe la changerait au niveau international. »
Dans les têtes et les cœurs, les conditions étaient remplies pour que soit franchi, après la démonstration contre les Saracens, le dernier palier avant la finale promise à Twickenham contre les Irlandais de l'Ulster, qui, la veille, avaient dépassé Édimbourg (22-19). Il ne restait qu'une contrariété, de taille, de poids et d'envergure, celle que représentait le Leinster. Car il n'était pas, comme souvent, que des chiffres et un palmarès à rappeler, par exemple une quatrième demi-finale d'affilée, deux titres (2009 et 2011) en trois ans, sans oublier quatre victoires contre Clermont en cinq confrontations, mais encore la collection d'internationaux derrière le grand O'Driscoll, privé de Tournoi mais revenu à temps pour la défense du titre. Et, enfin, le recrutement du champion du monde All Black Brad Thorn pour renforcer l'édifice en mêlée. Il y avait, par-dessus tout, la preuve d'une autorité collective rarement atteinte en Europe, même par le meilleur Stade Toulousain. Et ce n'est pas la couleur dominante, le jaune, dans le paysage du stade Chaban-Delmas qui pourrait annoncer une supériorité.
Qu'importait le lieu, un match restait à jouer, et l'on pouvait être assuré qu'il serait le plus dur imposé à Clermont, par comparaison avec les rendez-vous du championnat.
Les Clermontois auraient beau rester à hauteur ou prendre la tête (12-6 à la mi-temps), on avait l'impression que seul le vent était en leur faveur, ce vent dont Brock James profiterait pour aligner quatre pénalités. On sentait que, aux premiers déploiements, Brian O'Driscoll et sa suite passeraient devant grâce à une maîtrise supérieure dans la conservation et l'utilisation du ballon. Deux minutes suffiraient pour en avoir la démonstration, percée de leur arrière de feu Rob Kearney, essai du pilier Cian Healy. Et, avec ça, Jonathan Sexton ajouterait une transformation. Pendant de longues minutes, les Irlandais imposeraient leur manière, jusqu'à l'approche des cinq dernières, où Clermont libérerait tous ses chevaux. Il y aurait même l'arbitre anglais Wayne Barnes pour ajouter une difficulté à l'entreprise des Français, qui pouvaient espérer le jaune d'un carton à l'occasion de deux ou trois fautes d'antijeu irlandaises. Même la vidéo, mais cette fois sans équivoque, serait contre eux au moment où Wesley Fofana lèverait les bras dans l'en-but du Leinster. Mais le ralenti repasserait l'épisode d'un essai raté de deux doigts, plutôt trois ; 15-19, les Clermontois, après s'être difficilement relevés, pouvaient regarder d'un autre œil le Championnat de France. Et chacun de méditer sur les leçons d'une finale de Coupe d'Europe devenue irlandaise quand celle, un étage en dessous, du Challenge européen, entre Biarritz et Toulon, s'affichait française.

Imaginons le traitement réservé dans notre Ovalie à Brian O'Driscoll s'il était Français. Au-delà du palmarès, de tant d'essais et de trophées, il s'agit tout simplement, magnifique de mentalité, d'un monument devant lequel les Clermontois ont dû s'incliner.

LEINSTER
Bank of Ireland
FRANCE

Bank of Ireland

À la soixante-dix-huitième minute, Wesley Fofana plongea pour inscrire l'essai de la victoire. Mais il ne parvint pas à exercer une pression de haut en bas. Et Clermont s'en repartit sur une nouvelle désillusion.

Bank of Ireland
vodafone

Quand je pense à l'Irlande...

En ce samedi après-midi, comme au bon vieux temps du Tournoi, ils étaient 60 000 Irlandais sans poings levés ni haine à exhaler dans l'impressionnant théâtre de Twickenham. Et 20 000 Anglais à leurs côtés pour assister à une partie de rugby que tout le monde souhaitait aussi belle que la précédente pour la même circonstance, une finale de Coupe d'Europe. Oui, aussi belle que ce Leinster-Northampton qui avait servi, en 2011, un chef-d'œuvre de rugby pour d'énormes vainqueurs, ceux du Leinster. Distancés 6-22 à la pause, ils étaient revenus d'un enfer pour la gloire de ce jeu et une victoire de tous les diables (33-22). Ceux-là mêmes qui étaient devenus champions d'Europe une première fois en 2009 et qui restaient invaincus en H-Cup depuis le 12 décembre 2010 à Clermont (13-20) s'imposaient comme les favoris. Pareille position, toujours délicate, était transformée en handicap par l'entraîneur Joe Schmidt : « Nous sommes favoris, et ça m'inquiète un peu. Tout le monde attend qu'on gagne. » Tout le monde, c'était vite dit, mais l'unanimité s'imposait en un domaine bien partagé, l'amour de ce jeu. Car il était écrit que Brian O'Driscoll et les siens, à commencer par les meilleurs des anciens (Sexton, O'Connell, Kearney, O'Brien, Healy et Heaslip) s'affirmaient comme de magnifiques personnages du rugby, du meilleur de son histoire. Celle-ci était irlandaise, et elle soulignait une organisation particulière, laquelle occupait quatre provinces (Leinster, Munster, Ulster, Connacht) pour les rendez-vous européens, en marge d'un championnat celte de tradition. Et cette organisation réussissait, cependant que l'équipe nationale parvenait difficilement à s'imposer dans le Tournoi des Six-Nations ou la Coupe du monde. Il n'empêche, on pouvait toujours compter sur le champion en titre pour, selon l'expression, « envoyer du jeu », l'imposer et l'assumer, ce dont étaient incapables, depuis plusieurs saisons, les Bleus de France. Et l'on ne fut pas déçu, car l'équipe de Cullen, où le dernier des O'Brien éblouissait au four et au moulin, offrit un nouveau festival de balle sans rien négliger de ce que ce jeu exige d'engagement et de solidarité. Premier essai de l'intenable troisième ligne à la treizième minute, dernier du talonneur Cronin à la quatre-vingtième minute pour une ultime plongée sous les poteaux. À l'arrivée, 42-14 pour les tenants, et cet aveu pour l'un des perdants, en la forte personne de Rory Best, talonneur de l'Ulster et de l'Irlande : « On a pris une leçon de rugby. » Alors, oui, des chiffres étaient répétés pour célébrer le Leinster, trois finales, trois victoires, trois titres en quatre ans (2009, 2011 et 2012), soit autant que Toulouse, mais ce dernier en huit ans. Toutefois, et bien au-delà, à la seule jouissance servie par ce jeu de la sorte représenté, il était permis de s'en remettre au grand Brassens pour chanter : « Quand je pense à l'Irlande... » La même exclamation ne vaudrait pas pour le challenge européen, où le rugby français s'était distingué avec quatre représentants (Biarritz, Brive, Toulon, Stade Français) en demies avant un choc Biarritz-Toulon vite trempé dans ses ambitions. Certes, ce jour-là, à Londres, la pluie s'en mêlerait avec constance, mais on garda surtout le souvenir d'une victoire pied à pied dans le match qui opposa Dimitri Yachvili à Jonny Wilkinson (21-18, soit sept pénalités contre cinq et un drop). Rien d'excitant, donc, avec, cependant, quelque chose d'exaltant qui s'attachait au destin de l'équipe de Serge Blanco. Le BO mit toute sa foi et parvint à se sauver à la fois des eaux et d'une terrible saison pour décrocher sa treizième qualification pour la Coupe d'Europe. Voilà comment les joueurs furent accueillis et fêtés au pays comme des héros.

Toute la flamme de Gordon D'Arcy, à l'image d'une équipe du Leinster qui, pour garder son titre européen, marqua cinq essais et força plus encore le respect.

Et c'est ainsi que Sylvain Marconnet termina sa grande carrière de pilier sur les épaules de ses équipiers. Le Biarritz Olympique avait fière coupe après avoir longtemps souffert dans un championnat d'enfer.

Amlin Challenge Cup
Amlin Challenge Cup
apgemini

FRANCE

ÉLIMINÉ PAR ÉDIMBOURG, LE STADE TOULOUSAIN N'ÉTAIT PLUS LE MEILLEUR EN EUROPE MAIS RENFORÇAIT SON AUTORITÉ EN FRANCE POUR REMPORTER SON DIX-NEUVIÈME BOUCLIER. À LUI SEUL, IL EN TOTALISAIT PLUS QUE LES DEUX AUTRES GRANDS CLUBS DE L'HISTOIRE, LOURDES ET BÉZIERS. IL A DEVANCÉ (18-12) UNE ÉQUIPE DE TOULON QUI, VINGT ANS APRÈS SON DERNIER TITRE, A RENOUÉ AVEC SES AMBITIONS. SANS ÊTRE ÉBLOUISSANTS AU LONG D'UNE SAISON ÉPROUVANTE, LES TOULOUSAINS ÉTAIENT RESTÉS LES PREMIERS POUR ASSURER UNE TRADITION ET FORCER LE RESPECT. AINSI, WILLIAM SERVAT, FIER ET SOULAGÉ, REJOINDRAIT LA DIRECTION TECHNIQUE EN REMPLACEMENT DE YANNICK BRU, RECRUTÉ PAR L'ÉQUIPE DE FRANCE.

Orange
LE BOUCLIER DE BRENNUS
HAVAS
VOYAGES
EADS
FRAYSSINET

GILBERT
CONSTRUCTION

Montpellier perd pied

Mi-championnat, mi-coupe, le Top 14 cultivait une sorte d'exception française, avec ses transferts huppés et son étrange calendrier. C'est ainsi que Montpellier, passé à dix minutes de son premier bouclier en 2011 contre le Stade Toulousain, avait été obligé, comme d'autres, Biarritz en particulier, d'entamer la saison avec une dizaine de joueurs en moins pour cause de Coupe du monde. Et de se retrouver dernier dès la deuxième journée pour, effectif reconstruit, entamer une magnifique remontée – neuf places en seize journées – et finir cinquième au bout de la phase régulière, soit un cran de mieux que la saison passée. Avec ça, et surtout, son jeu s'était montré, dans ses meilleures phases, le plus vif et le plus inventif, en dépit de l'évidente supériorité d'ensemble des Toulousains et des Clermontois. Fabien Galthié et Didier Bès pouvaient être fiers de cette équipe à ce point réceptive et intuitive, capable de donner de la vitesse et de la surprise au jeu là où tant d'autres, à commencer par la première, la nationale, péchaient. Il n'était que la tristesse accumulée autour d'Éric Béchu dans son lent combat contre la maladie pour assombrir ce club par ailleurs présidé par Mohed Altrad, un romancier de qualité. La ville, déjà championne de France de handball et de football, était une nouvelle fois au rendez-vous des barrages face à un adversaire qui affichait lui-même une belle singularité. C'est ainsi que Montpellier allait retrouver les Castrais du duo Travers-Labit, lesquels se préparaient depuis un an selon un thème évident : « On n'a rien oublié. » Galthié non plus, qui insistait sur le scénario si « heureux » offert à son équipe, laquelle avait encaissé deux essais et joué pendant vingt minutes à quatorze avant de l'emporter d'un seul petit point (18-17). Et d'ajouter, avec une crainte qu'il espérait utiliser comme un stimulant : « Le match qui nous attend sera forcément différent. » Mais le plus obsédé de tous par la dramaturgie de la représentation précédente n'était autre que le meilleur réalisateur de tous les temps sous le même maillot, nous avons nommé Romain Teulet, 1,63 mètre, 34 ans, qui venait juste de dépasser les 3 000 points après 11 saisons passées sous les couleurs castraises. Car c'est lui, si mécanique et régulier au fil de tant de pénalités, qui avait raté dans les dernières secondes celle qui aurait permis aux siens de passer. Oui, le match serait différent, et pas seulement parce que Castres, qui recevait, avait décidé de jouer à Toulouse pour doubler l'affluence. Là-bas, à Ernest-Wallon, le public tout acquis à sa cause répéterait, irrésistiblement narquois : « Ici, c'est Pierre-Antoine ! » Ce serait mieux encore dès les premières minutes, les premières pénalités, puisque chacun des coups de pied castrais passerait dans le même temps que Bustos Moyano, fatal aux Tarnais un an auparavant, échouerait par deux fois en frôlant les poteaux. Il ne serait pas que l'Argentin à perdre pied chez les Montpelliérains, qui ne parvinrent jamais à développer leur jeu à réaction, faute de bons ballons. Et c'est le plus régulièrement, pied à pied, celui de Pierre Bernard, par cinq fois, et celui de Romain Teulet, par deux fois, que Castres allait rester devant, avec un avantage de 19-8 à la mi-temps. Montpellier ne l'emporterait qu'au tableau des essais, deux à un, mais sa défaite (15-31) ne souffrirait aucune réserve tant avait été grande, en des points cruciaux, sa soumission. Cette équipe, dont les éclairs de jeu avaient embelli le paysage du championnat, ne s'était pas ressemblée ce soir-là. En revanche, les Castrais avaient joué selon leurs possibilités, avec un supplément d'âme qui, à la fin des fins, forçait le respect. Ni un grand match ni une grande équipe, mais quelque chose qui venait de loin et de hautement méritant.

Montpellier et Mamuka Gorgodze ne cachèrent pas leur jeu, mais ils le gâchèrent un peu et ne méritèrent pas, un an après, de devancer à nouveau les Castrais sur le chemin de la demi-finale.

Un an après leur énorme désillusion contre le même adversaire au rendez-vous des barrages, Marc Andreu et les Castrais déployèrent toute leur rage.

PIERRE
GROUPE

Paris a brûlé

En matière de dramatisation, il était difficile de faire plus que Toulon. À l'époque, forcément héroïque, des Herrero jamais fatigués, on se nourrissait de la tradition, celle des fameuses « valeurs » chauffées par les feux de la rade. Ailleurs, on évoquait la passion ; ici, c'était Toulon au son du clairon. Il y avait le culte du rude. À présent s'ajoutait la sacro-sainte communication telle que les deux ténors du RC l'alimentaient. Mourad Boudjellal, le président, l'avait portée à son sommet, et ses débordements n'étaient pas ceux d'un ailier qui pouvait, suspendu par la Fédération, la déposer sur le toit. Bernard Laporte, le nouveau manager, revenu à ses amours de belle jeunesse après un passage laborieux à la table des ministres, avait retrouvé le goût de la révolte contre toute injustice ressentie. Suspendu lui aussi, il retrouva le vestiaire pour ce rendez-vous décisif dans l'enclos de Mayol, un quart de finale d'aujourd'hui. Et *Le Parisien* du jour de bien résumer la grande affaire en deux titres, l'un sur toute la page, « Toulon promet l'enfer au Racing », l'autre en bas, avec portrait : « Mes joueurs ont la rage. » Bref, comme l'affichait *L'Équipe* le même jour : « Ça va bouillir. » Il est vrai qu'en face se dressaient des Parisiens sans nœuds papillons mais avec ambition. Ils n'étaient plus, dans l'esprit, des Guillard de Colombes, mais l'on pouvait reprendre le trait de l'artiste inspiré au moment de raconter comment, entre ces falaises bariolées, « la mayolaise » prenait. Et il ne fallait surtout pas oublier un certain Pierre Berbizier, dont la personnalité, sans éclat de voix mais d'une même fermeté, continuait à « cliver », terme en vogue au long de la campagne pour l'élection présidentielle qui se jouait. L'ancien capitaine et entraîneur de l'équipe de France cultivait toujours sa différence sans ménager personne, y compris lui-même. Il avait enrichi sa collection de conflits pour se sentir trahi, cette fois par les joueurs du Racing, après que Sébastien Chabal, hors de prix et incompris, fut parti. Mais le président Jacky Lorenzetti était resté en soutien, et l'orage interne n'empêcherait pas l'ensemble des Parisiens d'accéder aux angoisses des barrages. Plein à croquer, à dévorer, Mayol fut d'abord sur le point de craquer. La crainte puis la peur parcoururent les travées, et les signes de fébrilité, de fragilité, révélés une semaine auparavant en finale du Challenge européen contre Biarritz, firent leurs premiers effets. Le Racing-Métro, plus organisé, ne se contenta pas de museler ces Toulonnais, mais encore finit par les déborder sur l'aile d'un Benjamin Fall retrouvé jusqu'à l'essai (27e) ; 13-3 à la mi-temps, la mayolaise tournait à l'aigre. Le balancier de Jonny Wilkinson lui-même avait perdu de sa précision, ce Toulon déjouait. Mais il était écrit que pareille compagnie si souvent hétéroclite pouvait toujours sortir un as de sa manche et retrouver de l'éclat. C'est d'abord l'Australien Matt Giteau qui revint, au pied, à son haut niveau, puis Wilkinson qui garda l'oreille pour écouter le « Réveillez-vous ! » crié des tribunes et se relancer, en même temps que toute la troupe, jusqu'à la libération de la fusée Smith pour provoquer l'essai (67e) d'Armitage. Et c'est ainsi que le match bascula dans l'embrasement d'un stade qui venait de renouer avec son feu sacré. Tous les regrets du monde n'y feraient rien, le Racing avait perdu (13-17) un match qu'il avait longtemps maîtrisé. Pour la troisième fois, l'équipe de Pierre Berbizier, après son amère expérience en 2010 à Clermont et sa déception en 2011 à Marseille contre Montpellier, s'inclinait sur le chemin soudain trop escarpé d'une finale. Et l'on devina que les yeux de l'entraîneur luisaient. La longue patience dans l'ombre reprenait, tandis que Toulon s'accrochait à un versant ensoleillé.

Longtemps laborieux et devancés par des Parisiens plus entreprenants, les Toulonnais et Luke Rooney parvinrent à reprendre le ballon pour ne pas rater la grande occasion.

CNR

Toulon profita d'une magnifique accélération de David Smith pour passer devant et laisser le Racing-Métro de Pierre Berbizier sur le même goût d'inachevé, un an après.

ALTAREA
COGEDIM

L'ORDRE RESTE TOULOUSAIN

C'était peut-être une manière de confirmer que Toulouse était la capitale de l'Ovalie et de rendre hommage à cette ville pour tant de joies et de fiertés servies au rugby. Toujours est-il que la même avait été désignée pour recevoir les demi-finales du championnat, un avantage tant recherché dont pourrait disposer le grand Stade Toulousain. Mais l'on s'étonnait pour pas grand-chose, puisque nulle polémique, pas la moindre réserve ne furent suscitées par cette situation. Il est vrai que, en la circonstance, les « visiteurs » n'étaient autres que les Castrais d'à côté, à moins de une heure par la route, les mêmes qui avaient choisi de jouer à… Toulouse leur barrage contre Montpellier. Cette fois, le lieu des retrouvailles était le Stadium, et, si Yannick Bru, l'entraîneur des avants toulousains, y voyait « quand même un aspect positif », on s'attendait à une répartition équitable entre les supporters dans les travées. Le reste l'était moins, car 18 millions d'euros de budget et une quinzaine de boucliers séparaient le Stade Toulousain du Castres olympique. Et, avec ça, il y avait le souvenir des derniers rendez-vous au plus haut, soit une demi-finale et une finale perdues en 2001 et en 1995 par Castres contre les mêmes voisins. Sans oublier le barrage en 2010, dans ce Stadium où Teulet et les siens s'étaient vite soumis (12-35) à l'autorité des Toulousains. Mais les Castrais, leur Néo-Zélandais Chris Masoe en tête, avaient de bonnes raisons de penser que l'équipe n'avait plus le même visage, la même expérience, et que le rival attitré en serait très contrarié, peut-être davantage. Ce dernier, en dépit de tous ses trophées accumulés, ne se prendrait jamais pour un rentier de la gloire, Guy Novès, caractère intact, y veillait. Mais il pouvait, ce qui n'était pas forcément un handicap, se montrer inquiet après un quart de finale de Coupe d'Europe piteusement perdu contre Édimbourg et des dernières impressions pas toujours rassurantes. Il serait fait appel, encore et toujours, à l'aiguillon de l'orgueil pour contenir et dépasser cet adversaire qui avait retrouvé du pied, de l'allant et de la puissance contre Montpellier, mais qui n'était pas à l'abri de la fébrilité. Beaucoup du destin de ce match promis – un de plus – à l'imperméabilité et à la densité des défenses se jouerait dans sa première période. Et c'est Toulouse qui se dégagerait des pressions pour faire la course en tête. Mais il y aurait un éclair pour traverser pareille opacité, celui que provoquerait Max Evans, qui s'échappa au large avant de choisir l'intérieur pour filer droit à l'essai. Il fallut le retour inespéré et très contrôlé de Vincent Clerc dans l'en-but pour retourner l'Écossais et l'empêcher d'aplatir. Trois minutes plus tard, le Stade Toulousain allait découvrir les délices du treize, soit le nombre de joueurs qui lui restaient après les cartons jaunes de Fritz et de Matanavou. Toutefois, Luke le pied froid passerait par là. McAlister, relayé par un drop de Beauxis, permettrait au tenant du titre de virer en tête (15-12). Malgré un retour à 15-15, les Castrais ne parviendraient jamais à profiter de leurs temps forts, et c'est encore eux qui subiraient, au sol, en mêlée, pour s'incliner sous le même pied. Car Luke McAlister aligna 9 points supplémentaires, cependant que les artilleurs castrais, Pierre Bernard (trois sur six) et Romain Teulet (un sur deux), bafouillaient face à la cible. Tout le travail de plusieurs saisons et les derniers progrès enregistrés n'avaient pas suffi aux Castrais, qui n'étaient même pas parvenus à profiter de leur supériorité numérique pendant plusieurs minutes. Dans l'ensemble, et selon l'expression, ils avaient fait jeu égal avec leurs rivaux. Mais, à la fin (24-15), et selon une légende chantée par les supporters, l'ordre restait au champion toulousain.

Auteur de 21 points au pied, 7 pénalités, 100 % d'efficacité, Luke McAlister confirma qu'il n'était pas qu'un beau tatoué.

ADS
FRAYSSINET
CANAL+

À l'issue d'une irrésistible percée, l'Écossais Max Evans s'apprêta à marquer l'essai. Mais Vincent Clerc fondit sur lui pour le retourner, ainsi que le ballon et la situation. Les Castrais ne retrouveraient pas une pareille occasion.

LNR

TOULON RAJEUNIT DE VINGT ANS

Par deux fois, aux rendez-vous des Coupes du monde 2003 et 2007, Jonny Wilkinson enragea Bernard Laporte, alors à la tête de l'équipe de France. Cinq ans après, pour l'entraîneur toulonnais, les sentiments et la réaction avaient changé.

Ainsi, il paraissait écrit que Toulouse et Clermont, les deux premiers de la phase de qualifications, les deux plus gros budgets, les deux derniers vainqueurs du Top 14, imposeraient la logique des chiffres et des pronostics pour se retrouver en finale. Certes, Clermont, donné champion par la majorité des entraîneurs dans *L'Équipe,* devait auparavant se défaire de Toulon, mais ce dernier, si décevant en finale du Challenge européen et si peu convaincant au rendez-vous des barrages, avec son Wilkinson loin de sa meilleure dimension, manifestait surtout de l'éclat dans l'expression et la réputation de son président Mourad Boudjellal et de son entraîneur Bernard Laporte. Le premier avait même réussi à briller par son absence, en quittant le stade Mayol à la mi-temps du match contre le Racing, alors même que son équipe était menée 13-3, pour rejoindre son domicile et s'en expliquer après : « Si on avait perdu, je serais rentré sur la pelouse et j'aurais annoncé que je gardais le club tout en nommant un nouveau président. » Cette fois, toujours en première ligne, il se contenta d'appliquer la technique de beaucoup pour estimer que le RC Toulon, qui courait après un titre de champion de France depuis 1992, avait tout simplement « 0 % de chances de gagner ». En réalité, on se demandait encore si ce nouveau Toulon persisterait pour ressembler plus à une sélection qu'à une équipe. De son côté, Clermont s'était distingué à l'intersaison par son recrutement opulent (Hines, Vosloo, Sivivatu, Byrne, King, Skrela, Kayser), mais des signes avaient été donnés d'une maîtrise collective retrouvée, malgré une déception européenne de plus. C'est ce Clermont qui, avec le meilleur Montpellier, avait donné le plus d'arguments à un rugby de mouvement pour lequel on avait toujours la faiblesse de militer. Mais la fameuse et sempiternelle « vérité du terrain » nous retournerait l'image désespérante d'un match cadenassé, sans essai. Le pied, encore et toujours, se distinguerait, dominerait, le football-rugby l'emporterait pour que soit chantée la ténébreuse efficacité. Et, à ce jeu du tir au but comme à la foire au jambon, Jonny redeviendrait Wilkinson. Il serait reçu cinq sur cinq, autant de pénalités tentées et passées, pour que soit consacrée une victoire à l'arraché (15-12). Bien sûr, les Toulonnais, qui, par quatre fois auparavant, s'étaient inclinés sur terrain neutre en phase finale européenne ou française, n'avaient pas volé ce succès dans un match couperet. Pas volé, parce qu'il en va ainsi du rugby d'aujourd'hui, quand il décide de réduire les risques et de tout miser sur les principes pragmatiques de la rigueur à tous crins. Onze pénalités concédées de chaque côté, mais le match Wilkinson-Parra resterait à l'avantage du premier. Pourtant, le demi de mêlée auvergnat pouvait s'interroger sur le refus arbitral d'une vidéo pour sa pénalité de la vingt-sixième minute, rendue indécise car trop haute, et pleurer sur sa tentative venue mourir sous les poteaux toulonnais dans les ultimes secondes, il nous semblait que la calamiteuse remise en jeu de David Skrela, celle-là même qui permettrait à Wilkinson de conclure, était d'un autre poids dans le destin funeste de ces Clermontois. Ils avaient beaucoup essayé jusqu'à oser, monocordes et entêtés, les extérieurs sous la pluie, mais il était dit et confirmé que le goût des larmes amères leur reviendrait. Pendant ce temps, Toulon renouait avec une joie qui le rajeunissait de vingt ans. Et même son président, suspendu encore pour quelques heures sans cesser de décrocher les étoiles, finirait par en devenir émouvant : « Je n'ai jamais vécu ça de ma vie. » Quant à Guy Novès, rompu à l'exercice, il préparait déjà une nouvelle finale par ses mots préférés : « Pour moi, il n'y a pas de favori. » Il était tout de même permis de souhaiter un traitement plus ambitieux pour le rugby.

RENAULT
PAINS Jacquet
LABO FRANCE
PAINS Jacquet

Morgan Parra, comme toujours, soigna ses pénalités. Par deux fois, trop de hauteur, pas assez de longueur, il échoua. Il n'était surtout pas le responsable de la désillusion clermontoise, mais il en garderait un goût amer. Le beau jaune du paysage redevenait un peu jaunard.

UN SEUL VAINCU, LE RUGBY

Ainsi, des chiffres revenaient, auxquels on pouvait prêter une solennité jusqu'à célébrer les 120 ans de l'incomparable bouclier. Et d'y ajouter que le Stade Toulousain, après avoir commencé par une victoire contre le Racing en 1912, ambitionnait un dix-neuvième titre, soit autant que les plus grands avant lui réunis, Lourdes et Béziers. Mais c'est d'une autre année que l'on se souvenait, celle qui nous ramenait à 1985 dans un Parc des Princes ébloui qui avait salué la victoire après prolongations, 36-22, six essais à deux, du Toulouse de Bonneval et de Charvet sur le Toulon de Champ et de Gallion. Sur une aile du vainqueur, un certain Guy Novès avait déployé une foulée d'échassier pour essayer d'effacer ce moment où, cinq ans auparavant, il s'était incliné devant les Biterrois d'Armand Vaquerin. Peut-être que, ce jour-là, il avait peaufiné une phrase déjà employée, mais qui deviendrait, dans sa bouche, un slogan à succès : « Une finale, ça se gagne ! » Le sous-entendu pouvait faire des ravages dans le jeu, tant on y devinait une moralité de la fin qui primait sur les moyens, une manière qui importait peu. Le grand maître toulousain veillerait à ajouter une ou deux petites phrases pour soigner la motivation des siens, par exemple le sentiment que ses joueurs s'étaient sentis « humiliés » dans leur défaite (22-25) à Mayol un mois avant. Les Toulonnais, eux, n'étaient pas encore comblés, mais leur légitime excitation suffisait pour renverser les pronostics et le champion au nom de beaucoup de raisons et d'une réponse souvent apportée par « Le Moscato Show » : « Parce que Toulon. » Toutefois, pour tous ceux auxquels la vie en rouge et noir, les couleurs des deux clubs, importait moins que la santé et l'avenir de ce jeu, il s'agissait non plus de savoir le pourquoi, mais de voir le comment. Oui, comment Toulouse s'y prendrait pour garder le dernier mot, ou bien Toulon pour imposer le sien au plus chaud. La pluie d'avant le match laissa de mauvais signes qui persistèrent en dépit de sa disparition. On allait droit vers une guéguerre de tranchées pour en sortir par quelques passes peu assurées, mal contrôlées. Au total, une trentaine bascularaient en autant de fautes de main, de nouvelles mêlées. Et celles-ci, engluées, écroulées, constitueraient l'essentiel de cette partie qui n'en finissait pas de pousser, de percuter, de plaquer. Il était écrit, et redouté, que le dénouement dépendrait des coups de pied de deux grands botteurs, un droitier et un gaucher. Et c'est ainsi que le Néo-Zélandais Luke McAlister battrait l'Anglais Jonny Wilkinson, non pas au tir aux pigeons – quoiqu'on pouvait en trouver quelques-uns dans les 79 612 spectateurs payants – mais au but, 18-12, six pénalités à quatre. Les Toulonnais avaient vécu et subi les mêlées comme autant de supplices, endurant sept pénalités. L'absence forcée du pilier droit néo-zélandais Carl Hayman, à la suite d'une suspension de quatre semaines depuis la finale du Challenge européen, y jouerait son rôle, et le président Mourad Boudjellal en tirerait la leçon avec un « ils n'ont pas d'honneur » adressé aux dirigeants du rugby français. Mais on retiendrait surtout que l'orgueil et l'effectif toulousains resteraient les plus grands jusqu'à ces dernières minutes où les Toulonnais ne parviendraient pas à franchir la Garonne et son mur. On préféra s'attarder sur la sortie définitive de William Servat, 34 ans, qui avait reçu un carton jaune pour une affection trop appuyée envers son compère toulonnais Sébastien Bruno, sur le chemin de ses 38 ans. Et, à la fin des fins, plutôt que d'en revenir aux éternelles relations de Toulouse avec la victoire, la tentation fut grande de parodier ces vins d'honneur à l'ancienne pour saluer l'œuvre fournie : « Un seul vaincu, le rrrrrugby ! »

Et c'est ainsi que la finale entra dans l'opposition des digues après bien des écroulements, des retardements. C'est celle de Toulouse qui fut, jusque dans les ultimes secondes, la plus solide.

9
FRAYSSINET

Comme souvent, Florian Fritz sut faire face et afficher son mordant. Il vit jaune pour dix minutes mais redevint champion de France pour longtemps.

Bouclier humain

La référence aux étagères et à la vitrine toulousaines fut beaucoup utilisée pour célébrer ce nouveau trophée à installer. Et c'est vrai que ce dix-neuvième bouclier n'était pas que la démonstration d'une décoration améliorée, le palmarès du premier des clubs français forçait le respect. Pareille réussite ne pouvait pas être réduite aux dimensions d'un budget et d'un recrutement. Il était, dans la mentalité, aiguillonné sans relâche par un ancien ailier, Guy Novès, devenu le gardien du Capitole comme d'autres du temple, le gros d'une culture souvent inquiétée, jamais effacée. Une culture de la gagne, disait-on, comme si les autres entretenaient celle de l'échec, par opposition. Non, le Stade Toulousain était quelque chose de plus grand qu'une addition de chiffres, une sorte de bouclier humain dont il pouvait tirer gloire dans l'histoire. Mais enfin, d'un même élan, il était permis, selon les préceptes de son maître à penser, à jouer, à contrer, de se montrer un peu exigeant au moment d'invoquer d'autres chiffres et sentiments. Ainsi, le fameux style toulousain, fait d'une variété de passes, de courses, autant de surprises imposées à l'adversaire, de plaisir des yeux, et même du cœur, offert aux spectateurs, dans les travées, devant l'écran, ce style-là, souvent flamboyant, n'en finissait pas de s'essouffler jusqu'à s'effacer. Certes, on en convenait, on insistait, si le style n'était plus là, l'autorité dominait toujours en territoire français. Toutefois, les lignes d'un palmarès n'y suffisaient pas, la mémoire, qui retient du petit rien, du grand n'importe quoi et de l'éclat, en demandait plus. Or, palmarès pour palmarès, on retenait que le Stade Toulousain venait de gagner sa troisième finale au Stade de France, Coupe d'Europe 2010 contre Biarritz, Top 14 2011 contre Montpellier, puis 2012 contre Toulon, sans franchir la ligne de but adverse. Certes, et pour la dernière saison, cela correspondait à une tendance du rugby français, puisqu'il avait été constaté une baisse des essais marqués, 677 en 2011 contre 559 en 2012. Tant d'impressions accumulées au fil des saisons se précisaient sur ces jeux à la française et à la toulousaine qui n'étaient plus ce qu'ils étaient. Voilà comment « le meilleur championnat du monde », souvent chanté par la famille ovalienne, semblait, pour le moins, d'une réputation exagérée. Le plus généreux pour traiter les transferts et enrichir les fins de carrière, assurément, mais pas dans l'art ni la manière de faire vivre et voyager le ballon sacré. Cependant, il restait l'impressionnante maîtrise des Toulousains dans les limites du rugby français. Et la promesse d'un Toulon déjà tonitruant mais décidé, sur l'impulsion de son président, à « constituer une armée » dont les principales recrues annoncées avaient pour noms Mermoz, Masoe, Michalak et Armitage, l'arrière anglais, frère de Steffon. Cela promettait, en effet, pour les tensions en termes de rivalités et d'intensité dans les chocs sur la voie des luttes finales. Mais qu'en serait-il de la respiration des matches, de leur rythme et de la manière d'utiliser la balle, de lâcher les chevaux et les cavaliers hors des sentiers rebattus et des funestes tranchées ?

Clément Poitrenaud et ses partenaires confirmèrent que leur belle histoire d'amour avec le plus singulier des boucliers durait toujours.

L'Anglais Jonny Wilkinson et l'Australien Matt Giteau devront encore attendre pour permettre à la ferveur toulonnaise de célébrer le retour du Bouclier. Dans cette vibrante course au trésor, les noms de Masoe, Michalak, Mermoz, Jenkins et Armitage (Delon) étaient annoncés pour les y aider.

ALTAREA
RCT
TOULON VAR
TEAM
VINCI
CONSTRUCTION

LE BOUCLIER DE BRENNUS
OFFERT PAR LE S.C.U.F.

ARCHIVES

PAR UN BEAU JOUR, SOUS UN GRAND SOLEIL, LE BOUCLIER DE BRENNUS SE POSA SUR L'HERBE DU MALZIEU, EN LOZÈRE, UN DOUX VILLAGE AU BORD DE LA TRUYÈRE. ET LE RUGBY Y CONFIRMA LA NOBLESSE DE SON ESPRIT DE CLOCHER.

TOURNOI DES SIX-NATIONS

4 FÉVRIER

FRANCE-Italie : 30-12
France – 4 E : Rougerie (22e), Malzieu (35e), Clerc (54e), Fofana (72e) ; 2 T : Yachvili (22e, 54e) ; 2 P : Yachvili (12e, 53e).
Italie – 3 P : Burton (30e, 57e), Botes (60e) ; 1 DG : Burton (18e).
France : Médard – Clerc, Rougerie (Mermoz, 76e), Fofana, Malzieu – (o) Trinh-Duc (Beauxis, 76e), (m) Yachvili (Parra, 63e) – Bonnaire, Picamoles (Harinordoquy, 65e), Dusautoir (cap.) – Nallet (Maestri, 51e), Papé – Mas (Debaty, 76e), Servat (Szarzewski, 55e), Debaty (Poux, 63e).
Italie : Masi – Venditti, Benvenuti, Sgarbi (Canale, 56e), McLean – (o) Burton (Botes, 56e), (m) Gori (Semenzato, 76e) – Barbieri (Favaro, 68e), Parisse (cap.), Zanni – Van Zyl (Bortolami, 56e), Geldenhuys – Castrogiovanni, Ghiraldini (D'Apice, 76e), Lo Cicero (Cittadini, 63e).

5 FÉVRIER

Irlande-PAYS DE GALLES : 21-23

11 FÉVRIER

Italie-ANGLETERRE : 15-19

France-Irlande : match reporté au 5 mars (terrain impraticable à cause de mauvaises conditions météorologiques).

12 FÉVRIER

PAYS DE GALLES-Écosse : 27-13

25 FÉVRIER

IRLANDE-Italie : 42-10

Angleterre-PAYS DE GALLES : 12-19

26 FÉVRIER

Écosse-FRANCE : 17-23
Écosse – 2 E : Hogg (8e), L. Jones (56e) ; 2 T : Laidlaw (8e), Weir (56e) ; 1 P : Laidlaw (26e).
France – 2 E : Fofana (28e), Médard (60e) ; 2 T : Parra ; 2 P : Parra (39e, 47e) ; 1 DG : Beauxis (69e).
Écosse : Hogg – R. Lamont (De Luca, 31e), S. Lamont, Morrison, L. Jones – (o) Laidlaw (Weir, 49e), (m) Blair (Cusiter, 31e) – Rennie, Denton (Vernon, 53e), Barclay – Hamilton (Kellock, 69e), Gray – Cross (Kalman, 62e), Ford (cap., Lawson, 69e), Jacobsen.
France : Médard (Beauxis, 62e) – Clerc, Rougerie, Fofana, Malzieu – (o) Trinh-Duc, (m) Parra (Dupuy, 75e) – Harinordoquy, Picamoles (Bonnaire, 57e), Dusautoir (cap.) – Maestri (Nallet, 66e), Papé – Mas, Szarzewski (Servat, 51e), Poux (Debaty, 51e).

5 MARS

France-Irlande : 17-17
France – 1 E : Fofana (51e) ; 4 P : Parra (21e, 29e, 47e, 57e).
Irlande – 2 E : Bowe (13e, 39e) ; 2 T : Sexton ; 1 P : Sexton (25e).
France : Poitrenaud (Beauxis, 68e) – Clerc, Rougerie, Fofana, Malzieu – (o) Trinh-Duc, (m) Parra – Bonnaire (Picamoles, 72e), Harinordoquy, Dusautoir (cap.) – Maestri, Papé (Nallet, 61e) – Mas, Szarzewski (Servat, 52e), Poux (Debaty, 52e).
Irlande : Kearney – Bowe, Earls, D'Arcy (O'Gara, 72e), Trimble (McFadden, 73e) – (o) Sexton, (m) Murray (Reddan, 59e) – O'Brien (O'Mahony, 66e), Heaslip, Ferris – O'Connell (cap.), O'Callaghan (Ryan, 58e) – Ross, Best (Cronin, 75e), Healy (Court, 75e).

10 MARS

PAYS DE GALLES-Italie : 24-3

IRLANDE-Écosse : 32-14

11 MARS

France-ANGLETERRE : 22-24
France – 1 E : Fofana (75e) ; 1 T : Parra ; 5 P : Dupuy (32e), Beauxis (17e, 40e, 69e), Parra (65e).
Angleterre – 3 E : M. Tuilagi (14e), Foden (18e), Croft (71e) ; 3 T : Farrell ; 1 P : Farrell (50e).
France : Poitrenaud – Clerc (Mermoz, 37e), Rougerie, Fofana, Malzieu – (o) Beauxis (Trinh-Duc, 74e), (m) Dupuy (Parra, 50e) – Bonnaire (Picamoles, 67e), Harinordoquy, Dusautoir (cap.) – Maestri (Nallet, 55e), Papé – Mas (Poux, 75e), Szarzewski (Servat, 50e), Poux (Debaty, 50e).
Angleterre : Foden – Ashton, Tuilagi, Barritt, Sharples – (o) Farrell, (m) Dickson (Youngs, 72e) – Robshaw (cap.), Morgan (Dowson, 63e ; Webber, 74e), Croft – Parling, Botha (Palmer, 56e) – Cole (Stevens, 69e), Hartley, Corbisiero.

17 MARS

ITALIE-Écosse : 13-6
PAYS DE GALLES-France : 16-9
Pays de Galles – 1 E : Cuthbert (22e) ; 1 T : Halfpenny ; 3 P : Halfpenny (33e, 53e, 76e).
France – 3 P : Yachvili (12e, 73e), Beauxis (45e).
Pays de Galles : Halfpenny – Cuthbert, Davies (Williams, 53e-60e), Roberts, North – (o) Priestland, (m) Phillips (Williams, 64e) – Warburton (cap., R. Jones 41e), Faletau, Lydiate – Evans, A.-W. Jones (Charteris, 64e) – A. Jones, Rees (Owens, 64e), Jenkins.
France : Poitrenaud (Buttin, 36e) – Fofana, Rougerie, Fritz, Palisson (Trinh-Duc, 53e) – (o) Beauxis (Parra, 72e), (m) Yachvili – Bonnaire (Picamoles, 60e), Harinordoquy, Dusautoir (cap.) – Maestri, Papé (Pierre, 68e) – Attoub, Servat (Szarzewski, 45e), Poux (Debaty, 45e).

CLASSEMENT ET LAURÉATS

	Pts	J.	G.	N.	P.	P. p.	P. c.	Diff.
1. P. de Galles	10	5	5	0	0	109	58	+ 51
2. Angleterre	8	5	4	0	1	98	71	+ 27
3. Irlande	5	5	2	1	2	121	94	+ 27
4. France	5	5	2	1	2	101	86	+ 15
5. Italie	2	5	1	0	4	53	121	– 68
6. Écosse	0	5	0	0	5	56	108	– 52

Meilleurs marqueurs
1. Bowe (Irlande), 5 essais ;
2. Fofana (France), 4 essais ;
3. Cuthbert (pays de Galles), 3 essais ;
4. Best (Irlande), Davies (pays de Galles), Halfpenny (pays de Galles), Hodgson (Angleterre), Trimble (Irlande), Venditti (Italie), 2 essais…

Meilleurs réalisateurs
1. Halfpenny (pays de Galles), 66 points ;
2. Farrell (Angleterre), 63 points ;
3. Sexton (Irlande), 56 points ;
4. Laidlaw (Écosse), 33 points ;
5. Parra (France), 27 points ;
6. Bowe (Irlande), 25 points ;
7. Fofana (France), 20 points ;
8. Burton (Italie), 19 points ;
9. Yachvili (France), 16 points ;
10. Beauxis (France), 15 points…

Le pays de Galles remporte le onzième Grand Chelem de son histoire.

LA FRANCE EN ARGENTINE

LES 28 SÉLECTIONNÉS POUR LA TOURNÉE D'ÉTÉ

David Attoub (Stade Français) ;
Jean-Marcellin Buttin (Clermont) ;
Vincent Debaty (Clermont) ;
Geoffray Doumayrou (Montpellier) ;
Brice Dulin (Agen) ;
Benjamin Fall (Racing-Métro 92) ;
Wesley Fofana (Clermont) ;
Florian Fritz (Stade Toulousain) ;
Antoine Guillamon (Lyon OU) ;
Yoann Huget (Aviron Bayonnais) ;
Raphaël Lakafia (Biarritz) ;
Alexandre Lapandry (Clermont) ;
Wenceslas Lauret (Biarritz) ;
Maxime Machenaud (Agen) ;
Yoan Maestri (Stade Toulousain) ;
Romain Martial (Castres) ;
Maxime Mermoz (Perpignan) ;
Frédéric Michalak (Coastal Sharks) ;
Fulgence Ouedraogo (Montpellier) ;
Pascal Papé (Stade Français) ;
Morgan Parra (Clermont) ;
Louis Picamoles (Stade Toulousain) ;
Christophe Samson (Toulon) ;
Dimitri Szarzewski (Stade Français) ;
Romain Taofifenua (Perpignan) ;
Christopher Tolofua (Stade Toulousain) ;
François Trinh-Duc (Montpellier) ;
Yvan Watremez (Biarritz).

16 JUIN

ARGENTINE-France : 23-20
Argentine – 2 E : Aguila (4e), Montero (77e) ; 2 T : Contepomi ; 3 P : Contepomi (24e, 39e, 57e).
France – 1 E : Picamoles (27e) ; 5 P : Parra (3e, 10e, 22e, 44e), Trinh-Duc (53e).
Argentine : Miralles – Agulla, Tuculet, Contepomi (cap.), Montero – (o) Mieres, (m) Landajo (Cubelli, 48e) – Leonardi, De La Vega, Cabello – Lozada (Baez, 57e), Macome (Bruno, 65e) – Tetaz (Henn, 56e), Postiglioni, Guinazu.
France : Dulin – Buttin, Fofana, Fritz (Mermoz, 78e), Huget – (o) Trinh-Duc (Michalak, 58e), (m) Parra – Picamoles, Ouedraogo, Lauret – Maestri, Papé (cap.) – Attoub, Szarzewski, Watremez (Debaty, 41e).

23 JUIN

Argentine-FRANCE : 10-49
Argentine – 1 E : De La Vega (76e) ; 1 T : Contepomi ; 1 P : Contepomi (27e).
France – 6 E : Fall (12e), Huget (34e, 63e), Machenaud (40e), Mermoz (56e), Lapandry (68e) ; 3 P : Michalak (20e, 29e, 31e).
Argentine : Tuculet (Ascarate, 41e) – Barrea, Gosio, Contepomi (cap.), Montero – (o) Urdapilleta, (m) Cubelli – Senatore (Baez, 59e), Leonardi, De La Vega – Lozada, Cabello (Macome, 30e) – Gomez Kodela, Bordoy (Postiglioni, 55e), Guinazu.
France : Dulin – Fall, Fritz, Mermoz, Huget – (o) Michalak (Trinh-Duc, 70e), (m) Machenaud – Picamoles, Ouedraogo, Lapandry – Maestri (Samson, 47e), Papé (cap.) – Attoub (Domingo, 50e), Szarzewski (Tolofua, 56e), Debaty.

CHAMPIONNAT DU MONDE DES MOINS DE 20 ANS

PHASE PRÉLIMINAIRE, DU 4 AU 12 JUIN

POULE A
PAYS DE GALLES-Fidji : 44-18
NOUVELLE-ZÉLANDE – Samoa : 63-0
FIDJI-Samoa : 15-3
Nouvelle-Zélande – PAYS DE GALLES : 6-9
PAYS DE GALLES-Samoa : 74-3
NOUVELLE-ZÉLANDE – Fidji : 33-12

POULE B
ANGLETERRE-Italie : 64-5
Afrique du Sud-IRLANDE : 19-23
AFRIQUE DU SUD-Italie : 52-3
ANGLETERRE-Irlande : 20-15
IRLANDE-Italie : 41-12
AFRIQUE DU SUD-Angleterre : 28-15

POULE C
AUSTRALIE-Écosse : 67-12
France-ARGENTINE : 15-18
Australie-ARGENTINE : 3-15
FRANCE-Écosse : 30-29
ARGENTINE-Écosse : 17-12
FRANCE-Australie : 31-7

PHASE FINALE, DU 17 AU 22 JUIN

Matches de classement
ÉCOSSE (10e)-Italie (11e) : 34-17
Fidji (9e)-SAMOA (12e) : 20-29
FRANCE (5e)-Australie (8e) : 19-17
IRLANDE (6e)-Angleterre (7e) : 27-12

Match pour la 11e place
Italie-FIDJI : 17-19

Match pour la 9e place
ÉCOSSE-Samoa : 62-28

Match pour la 7e place
Australie-ANGLETERRE : 13-17

Match pour la 5e place
France-IRLANDE : 7-18

Demi-finales
Argentine (2e)-AFRIQUE DU SUD (3e) : 6-30
Pays de Galles (1er) – NOUVELLE-ZÉLANDE (4e) : 3-35

Match pour la 3e place
Argentine-PAYS DE GALLES : 17-25

Finale
Nouvelle-Zélande – AFRIQUE DU SUD : 16-22

TOURNOI DES SIX-NATIONS FÉMININ

PREMIÈRE JOURNÉE, LES 4 ET 5 FÉVRIER

IRLANDE-pays de Galles : 36-0
(match joué le 3 mars)
FRANCE-Italie : 32-0
Écosse-ANGLETERRE : 0-47

DEUXIÈME JOURNÉE, LES 11 ET 12 FÉVRIER

FRANCE-Irlande : 8-7
PAYS DE GALLES-Écosse : 20-0
Italie-ANGLETERRE : 3-43

TROISIÈME JOURNÉE, LES 24 ET 25 FÉVRIER

IRLANDE-Italie : 40-10
Écosse-FRANCE : 0-23
ANGLETERRE-pays de Galles : 33-0

QUATRIÈME JOURNÉE, DU 9 AU 11 MARS

IRLANDE-Écosse : 20-0
PAYS DE GALLES-Italie : 30-13
France-ANGLETERRE : 3-15

CINQUIÈME JOURNÉE, DU 18 AU 20 MARS

ANGLETERRE-Irlande : 26-3
ITALIE-Écosse : 29-12
Pays de Galles-FRANCE : 0-31

CLASSEMENT

	Pts	J.	G.	N.	P.	P. p.	P. c.	Diff.
1. Angleterre	10	5	5	0	0	161	12	+ 149
2. France	8	5	4	0	1	97	22	+ 75
3. Irlande	6	5	3	0	2	109	41	+ 68
4. P. de Galles	4	5	2	0	3	50	113	– 63
5. Italie	2	5	1	0	4	55	157	– 102
6. Écosse	0	5	0	0	5	12	139	– 127

PALMARÈS

1999 : Angleterre
2000 : Angleterre
2001 : Angleterre
2002 : France
2003 : Angleterre
2004 : France
2005 : France
2006 : Angleterre
2007 : Angleterre
2008 : Angleterre
2009 : Angleterre
2010 : Angleterre
2011 : Angleterre
2012 : Angleterre

COUPE D'EUROPE

POULE 1, DU 12 NOVEMBRE 2011 AU 21 JANVIER 2012

LLANELLI-Castres : 31-23
MUNSTER-Northampton : 23-21
Northampton-LLANELLI : 23-28
Castres-MUNSTER : 24-27
CASTRES-Northampton : 41-22
Llanelli-MUNSTER : 14-17
MUNSTER-Llanelli : 19-13
NORTHAMPTON-Castres : 45-0
Llanelli-NORTHAMPTON : 17-29
MUNSTER-Castres : 26-10
Northampton-MUNSTER : 36-51
Castres-LLANELLI : 13-16

Classement poule 1

	Pts	J.	G.	N.	P.	P. p.	P. c.	Diff.
1. Munster	25	6	6	0	0	163	118	+ 45
2. Llanelli	15	6	3	0	3	119	124	– 5
3. Northampton	12	6	2	0	4	176	160	+ 16
4. Castres	7	6	1	0	5	111	167	– 56

POULE 2, DU 11 NOVEMBRE 2011 AU 22 JANVIER 2012

Racing-Métro 92 – CARDIFF BLUES : 20-26
London Irish-ÉDIMBOURG : 19-20
CARDIFF BLUES-London Irish : 24-18
ÉDIMBOURG – Racing-Métro 92 : 48-47
CARDIFF BLUES-Édimbourg : 25-8
Racing-Métro 92 – LONDON IRISH : 14-34
ÉDIMBOURG-Cardiff Blues : 19-12
London Irish – RACING-MÉTRO 92 : 19-25
Racing-Métro 92 – ÉDIMBOURG : 24-27
London Irish-CARDIFF BLUES : 15-22
CARDIFF BLUES – Racing-Métro 92 : 36-30
ÉDIMBOURG-London Irish : 34-11

Classement poule 2

	Pts	J.	G.	N.	P.	P. p.	P. c.	Diff.
1. Édimbourg	22	6	5	0	1	156	138	+ 18
2. Cardiff Blues	21	6	5	0	1	145	110	+ 35
3. London Irish	9	6	1	0	5	116	139	– 23
4. Racing-M. 92	9	6	1	0	5	160	190	– 30

POULE 3, DU 12 NOVEMBRE 2011 AU 21 JANVIER 2012

Montpellier-Leinster : 16-16
GLASGOW-Bath : 26-21
LEINSTER-Glasgow : 38-13
BATH-Montpellier : 16-13
Bath-LEINSTER : 13-18
GLASGOW-Montpellier : 20-15
Montpellier-Glasgow : 13-13
LEINSTER-Bath : 52-27
MONTPELLIER-Bath : 24-22
Glasgow-LEINSTER : 16-23
BATH-Glasgow : 23-18
LEINSTER-Montpellier : 25-3

Classement poule 3

	Pts	J.	G.	N.	P.	P. p.	P. c.	Diff.
1. Leinster	24	6	5	1	0	172	88	+ 84
2. Glasgow	12	6	2	1	3	106	133	– 27
3. Bath	11	6	2	0	4	122	151	– 29
4. Montpellier	10	6	1	2	3	84	112	– 28

POULE 4, DU 11 NOVEMBRE 2011 AU 22 JANVIER 2012

Aironi Rugby-LEICESTER : 12-28
ULSTER-Clermont : 16-11
CLERMONT-Aironi Rugby : 54-3
LEICESTER-Ulster : 20-9
ULSTER-Aironi Rugby : 31-10
CLERMONT-Leicester : 30-12
LEICESTER-Clermont : 23-19
Aironi Rugby-ULSTER : 20-46
ULSTER-Leicester : 41-7
Aironi Rugby-CLERMONT : 0-82
LEICESTER-Aironi Rugby : 33-6
CLERMONT-Ulster : 19-15

Classement poule 4

	Pts	J.	G.	N.	P.	P. p.	P. c.	Diff.
1. Ulster	20	6	4	0	2	158	87	+ 71
2. Clermont	20	6	4	0	2	215	69	+ 146
3. Leicester	17	6	4	0	2	123	117	+ 6
4. Aironi Rugby	0	6	0	0	6	51	274	– 223

POULE 5, DU 12 NOVEMBRE 2011 AU 22 JANVIER 2012

OSPREYS-Biarritz : 28-21
SARACENS-Trévise : 42-17
Trévise-Ospreys : 26-26
BIARRITZ-Saracens : 15-10
TRÉVISE-Biarritz : 30-26
SARACENS-Ospreys : 31-26
Ospreys-SARACENS : 13-16
BIARRITZ-Trévise : 29-12
OSPREYS-Trévise : 44-17
SARACENS-Biarritz : 20-16
Trévise-SARACENS : 20-26
BIARRITZ-Ospreys : 36-5

Classement poule 5

	Pts	J.	G.	N.	P.	P. p.	P. c.	Diff.
1. Saracens	22	6	5	0	1	145	107	+ 38
2. Biarritz	18	6	3	0	3	143	105	+ 38
3. Ospreys	13	6	2	1	3	142	147	– 5
4. Trévise	7	6	1	1	4	122	193	– 71

POULE 6, DU 11 NOVEMBRE 2011 AU 20 JANVIER 2012

HARLEQUINS-Connacht : 25-17
TOULOUSE-Gloucester : 21-17
Gloucester-HARLEQUINS : 9-28
Connacht-TOULOUSE : 10-36
Harlequins-TOULOUSE : 10-21
Connacht-GLOUCESTER : 10-14
GLOUCESTER-Connacht : 23-19
Toulouse-HARLEQUINS : 24-31
TOULOUSE-Connacht : 24-3
HARLEQUINS-Gloucester : 20-14
GLOUCESTER-Toulouse : 34-24
CONNACHT-Harlequins : 9-8

Classement poule 6

	Pts	J.	G.	N.	P.	P. p.	P. c.	Diff.
1. Toulouse	18	6	4	0	2	150	105	+ 45
2. Harlequins	17	6	4	0	2	122	94	+ 28
3. Gloucester	15	6	3	0	3	111	122	– 11
4. Connacht	6	6	1	0	5	68	130	– 62

QUARTS DE FINALE, LES 7 ET 8 AVRIL

ÉDIMBOURG-Toulouse : 19-14
Édimbourg – 1 E : Blair (3e) ; 1 T : Laidlaw ; 3 P : Laidlaw (46e, 51e, 80e) ; 1 DG : Laidlaw (38e).
Toulouse – 1 E : Matanavou (31e) ; 3 P : Beauxis (5e, 20e, 29e).
Édimbourg : Brown – Jones (Traynor, 32e-36e), De Luca, Scott (Thompson, 13e-18e), Visser – (o) Laidlaw (cap.), (m) Blair (Leck, 41e) – Rennie (Grant, 71e), Talei (Mcinally, 71e), Denton – Cox, Gilchrist – Cross, Ford, Jacobsen (Traynor, 60e-65e).
Toulouse : Jauzion – Matanavou, Fritz (Poitrenaud, 52e), David, Danguy – (o) Beauxis, (m) Burgess (Doussain, 66e) – Dusautoir (cap.), Picamoles (Galan, 47e), Bouilhou (Tolofua, 48e-56e, Nyanga, 61e) – Albacete, Maestri (Lamboley, 71e) – Johnston (Montès, 61e), Servat (Tolofua, 74e), Poux (Human, 53e).

LEINSTER-Cardiff Blues : 34-3

Munster-ULSTER : 16-22

Saracens-CLERMONT : 3-22
Saracens – 1 P : Farrell (15e).
Clermont – 1 E : Byrne (44e) ; 1 T : James ; 4 P : James (7e, 10e, 13e, 54e) ; 1 DG : James (49e).
Saracens : Goode – Strettle, Farrell (Short, 54e), Barrit (Powell, 67e), Wyles – (o) Hodgson, (m) Wigglesworth (De Kock, 54e) – Fraser (George, 67e), Joubert, Melck (Wray, 52e) – Botha (Kruis, 54e), Borthwick (cap.) – Stevens (Nieto, 68e), Brits, Gill (Vunipola, 64e).
Clermont : Byrne – Sivivatu, Fofana, Rougerie (cap.), Malzieu – (o) Skrela (James, 4e), (m) Parra (Radosavljevic, 76e) – Lapandry, Vermeulen (Bardy, 55e), Bonnaire – Hines, Cudmore (Pierre, 55e) – Zirakashvili (Kotze, 56e), Kayser (Paulo, 59e), Faure (Debaty, 50e).

DEMI-FINALES, LES 28 ET 29 AVRIL

ULSTER-Édimbourg : 22-19

Clermont-LEINSTER : 15-19
Clermont – 5 P : James (18e, 32e, 38e, 40e, 52e).
Leinster – 1 E : Healy (42e) ; 1 T : Sexton ; 3 P : Sexton (8e, 34e, 63e) ; 1 DG : Kearney (47e).
Clermont : Byrne (King, 21e) – Sivivatu, Rougerie (cap.), Fofana, Malzieu (Buttin, 13e) – (o) James, (m) Parra – Lapandry, Vermeulen (Bardy, 55e), Bonnaire – Hines (Pierre, 57e), Cudmore– Zirakashvili (Kotze, 59e), Kayser (Paulo, 63e), Faure (Debaty, 49e).
Leinster : Kearney – Nacewa, O'Driscoll, D'Arcy, Fitzgerald (McFadden, 63e) – (o) Sexton, (m) Boss (Reddan, 53e) – Jennings (McLaughlin, 63e), Heaslip, O'Brien – Thorn, Cullen (cap.) – Ross, Strauss (Cronin, 63e), Healy (Van der Merwe, 55e).

FINALE, LE 21 MAI

LEINSTER-Ulster : 42-14
Leinster – 5 E : O'Brien (13e), Healy (32e), essai de pénalité (46e), Van der Merwe (76e), Cronin (80e) ; 4 T : Sexton (13e, 32e, 46e), McFadden (80e) ; 3 P : Sexton (52e, 68e, 74e).
Ulster – 1 E : Tuohy (61e) ; 3 P : Pienaar (8e, 40e, 50e).
Leinster : R. Kearney – McFadden, O'Driscoll (D. Kearney 68e-73e), G. D'Arcy, Nacewa – (o) Sexton (Madigan, 74e), (m) Reddan (Boss, 75e) – O'Brien, Heaslip, McLaughlin (Jennings, 62e) – Thorn, Cullen (cap., Toner, 58e) – Ross (White, 70e), Strauss (Cronin, 68e), Healy (Van der Merwe, 62e).
Ulster : Terblanche – Trimble, Cave (A. D'Arcy, 78e), Wallace, Gilroy – (o) P. Jackson (Humphreys, 46e ; Marshall, 70e), (m) Pienaar – Henry (Faloon, 68e), Wannenburg, Ferris – Tuohy, Muller (cap.) – Afoa (Fitzpatrick, 74e), Best (Brady, 78e), Court (McAllister, 76e).

LAURÉATS

Meilleurs marqueurs
1. Matanavou (Toulouse), 8 essais ;
2. R. Kearney (Leinster), 6 essais ;
3. Brown (Harlequins)
et Malzieu (Clermont), 5 essais ;
5. Balshaw (Biarritz), Beck (Ospreys), Byrne (Clermont), Cuthbert (Cardiff Blues), Ngwenya (Biarritz), Trimble (Ulster), Visser (Édimbourg), Zebo (Munster), 4 essais...

Meilleurs réalisateurs
1. Sexton (Leinster), 103 points ;
2. O'Gara (Munster), 102 points ;
3. Laidlaw (Edimbourg), 94 points ;
4. Farrelle (Saracens), 88 points ;
5. Pienaar (Ulster), 80 points ;
6. Biggar (Ospreys), 72 points ;
7. Evans (Harlequins), 67 points ;
8. James (Clermont), 62 points ;
9. Parks (Cardiff Blues), 59 points ;
10. Weir (Glasgow), 58 points...

PALMARÈS

1996 : Toulouse
1997 : Brive
1998 : Bath (ANG)
1999 : Ulster (IRL)
2000 : Northampton (ANG)
2001 : Leicester (ANG)
2002 : Leicester (ANG)
2003 : Toulouse
2004 : Wasps (ANG)
2005 : Toulouse
2006 : Munster (IRL)
2007 : Wasps (ANG)
2008 : Munster (IRL)
2009 : Leinster (IRL)
2010 : Toulouse
2011 : Leinster (IRL)
2012 : Leinster (IRL)

CHALLENGE EUROPÉEN

QUARTS DE FINALE, DU 5 AU 8 AVRIL

STADE FRANÇAIS-Exeter : 22-17
TOULON-Harlequins : 37-8
Wasps-BIARRITZ : 23-26
BRIVE-Llanelli : 15-11

DEMI-FINALES, LES 27 ET 28 AVRIL

Toulon-Stade Français : 32-29
Toulon – 1 E : Armitage (2e) ; 7 P : Wilkinson (32e, 40e, 43e, 50e, 56e, 63e, 67e) ; 2 DG : Wilkinson (47e, 80e).
Stade Français – 2 E : Bonneval (13e), Turinui (60e) ; 2 T : Plisson ; 3 P : Plisson (16e, 27e, 38e) ; 2 DG : Plisson (21e, 69e).
Toulon : Lapeyre – Palisson, Messina, Giteau, Smith – (o) Wilkinson, (m) Tillous-Borde – Armitage, Van Niekerk (cap.), Gunther (El Abd, 79e) – Schofield (Suta, 62e), Samson – Kubriashvili (Hayman, 50e), Orioli (Bruno, 62e), Emmanuelli (Lewis-Roberts, 50e-79e).
Stade Français : Bonneval – Sackey, Turinui, Smith, Arias – (o) Plisson (Danty, 79e), (m) Fillol (cap., Dupuy, 61e) – Rabadan (Parisse, 53e), Lyons (Camara, 75e), Burban – Flanquart, Palmer – Attoub, De Malmanche (Sempere, 52e), Wright (Milloud, 55e).

BIARRITZ-Brive : 19-0
Biarritz – 1 E : Traille (28e) ; 1 T : Yachvili ; 4 P : Yachvili (16e, 22e, 67e, 71e).
Biarritz : Balshaw (Barraque, 67e) – Ngwenya, Haylett-Petty (Gimenez, 66e), Traille (cap.), Baby – (o) Bosch, (m) Yachvili (Peyrlongue, 72e) – Gray, Lakafia, Guyot (M. Lund, 67e) – Carizza (E. Lund, 31e), Thion – Van Staden (Gomez Kodela, 52e), Héguy (August, 61e), Marconnet (Watremez, 52e).
Brive : Atayi – Cooke (Mignardi, 60e), Swanepoel, Noon (Mignardi, 15e-22e), Galala – (o) Belie (Geraghty, 15e), (m) Figuerola – Forgues (Luafutu, 52e), Claassen (cap.), Azoulai – Caisso, Uys (Ledevedec, 52e) – Barozzi (Barnard, 57e-63e), Natriashvili (Lacombe, 57e), Poirot (Henn, 62e).

FINALE, LE 18 MAI

Toulon-BIARRITZ : 18-21
Toulon – 5 P : Wilkinson (12e, 23e, 32e, 45e, 60e) ; 1 DG : Wilkinson (66e).
Biarritz – 7 P : Yachvili (5e, 18e, 25e, 36e, 47e, 54e, 75e).
Toulon : Lapeyre – Palisson, Bastareaud, Giteau, Smith – (o) Wilkinson, (m) Tillous-Borde – Armitage, Van Niekerk (cap.), Gunther – Chesney (Schofield, 58e), Samson – Hayman, Bruno (Orioli, 52e), Lewis-Roberts.
Biarritz : Balshaw – Ngwenya, Barraque, Traille (cap.), Haylett-Petty – (o) Peyrelongue (Bosch, 73e), (m) Yachvili – Guyot (Gray, 51e), Harinordoquy, Lauret – Taele, Thion (E. Lund, 71e) – Van Staden (Gomez Kodela, 60e), Héguy, (August, 70e), Watremez (Marconnet, 41e).

LAURÉATS

Meilleurs marqueurs
1. Turinui (Stade Français), 6 essais ;
2. Brady (Sale), Camara (Stade Français), Lapeyre (Toulon), 5 essais ;

5. Apostol (Bucarest), Drauniniu (Worcester), Leota (Sale), Pennell (Worcester), Phillips (Exeter), Rokokaro (Stade Français), 4 essais...

Meilleurs réalisateurs
1. Wilkinson (Toulon), 96 points ;
2. Mieres (Exeter), 71 points ;
3. Robinson (London Wasps), 64 points ;
4. Plisson (Stade Français), 53 points ;
5. Yachvili (Biarritz), 51 points ;
6. Tovey (Newport), 50 points ;
7. Boyet (Bayonne), 46 points ;
8. MacLeod (Sale), Miller (Sale), Vlaicu (Bucarest), 40 points...

PALMARÈS

1997 : Bourgoin-Jallieu
1998 : Colomiers
1999 : Montferrand
2000 : Pau
2001 : Harlequins (ANG)
2002 : Sale (ANG)
2003 : Wasps (ANG)
2004 : Harlequins (ANG)
2005 : Sale (ANG)
2006 : Gloucester (ANG)
2007 : Clermont
2008 : Bath (ANG)
2009 : Northampton (ANG)
2010 : Cardiff (GAL)
2011 : Harlequins (ANG)
2012 : Biarritz

CHAMPIONNAT DE FRANCE

CLASSEMENT TOP 14

	Pts	J.	G.	N.	P.	P.p.	P.c.	Diff.
1. Toulouse	87	26	19	1	6	629	448	+181
2. Clermont	87	26	19	2	5	644	364	+280
3. Toulon	73	26	14	5	7	581	393	+188
4. Castres	69	26	14	4	8	585	522	+63
5. Montpellier	67	26	14	1	11	601	505	+96
6. Racing-M. 92	64	26	13	1	12	569	538	+31
7. Stade Français	58	26	11	2	13	568	588	–20
8. Bordeaux-B.	53	26	12	0	14	493	619	–126
9. Biarritz	52	26	10	2	14	424	518	–94
10. Agen	52	26	12	1	13	479	573	–94
11. Perpignan	49	26	9	2	15	515	578	–63
12. Bayonne	48	26	9	3	14	479	619	–140
13. Brive	42	26	7	1	18	408	488	–80
14. Lyon OU	31	26	5	3	18	369	591	–222

Brive et Lyon descendent en Pro D2.

MATCHES DE BARRAGE, LES 25 ET 26 MAI

CASTRES-Montpellier : 31-15
Castres – 1 E : Lacrampe (20e) ; 1 T : Teulet ; 8 P : Bernard (2e, 34e, 43e, 50e, 80e), Teulet (15e, 39e, 73e).
Montpellier – 2 E : Tulou (37e), Fakaté (70e) ; 1 T : Bustos Moyano (70e) ; 1 P : Bustos Moyano (24e).
Castres : Teulet – Martial, Evans (Sanchou, 70e), Cabannes (Baï, 78e), Andreu – (o) Bernard, (m) Lacrampe (Kockott, 64e) – Caballero, Masoe (cap.), Diarra (Malonga, 39e ; Capo Ortega, 65e) – Tekori, Rolland – Ducalcon (Wihongi, 55e), Bonello (Rallier, 55e), Forestier (Taumoepeau, 55e).
Montpellier : Gonzalez Amorosino – Nagusa, Combezou, Fernandez (Bosch, 74e), Bustos Moyano – (o) Trinh-Duc, (m) Escande – Gorgodze, Tulou, Ouedraogo (cap.) – Privat (Hancke, 51e), De Marco (Fakaté, 53e) – Jgenti (Bustos, 60e), Creevy (Van Vuuren, 52e), Figallo (Leleimalefaga, 60e).

TOULON – Racing-Métro 92 : 17-13
Toulon – 1 E : Armitage (67e) ; 4 P : Wilkinson (36e), Giteau (60e, 63e, 80e).
Racing-Métro 92 – 1 E : Fall (28e) ; 1 T : Descons ; 2 P : Steyn (17e), Descons (33e).
Toulon : Rooney – Lapeyre, Bastareaud (Messina, 71e), Giteau, Smith – (o) Wilkinson, (m) Tillous-Borde – Fernandez Lobbe, Armitage, Van Niekerk (cap., Gunther, 53e) – Shaw (Samson, 57e), Botha – Kubriashvili, Ivaldi (Orioli, 41e-53e, 57e), Lewis-Roberts (Emmanuelli, 71e).
Racing-Métro 92 : Steyn – Fall (Vakatawa, 60e), Chavancy, Estebanez (Wisniewski, 73e), Imhoff – (o) Hernandez, (m) Descons (Lorée, 65e) – Cronjé (cap.), Battut, Leo'o (Galindo, 65e) – Van der Merwe, Nallet (Ghezal, 77e) – Tuugahala (Sa, 51e), Noirot (Bianchin, 78e), Brugnaut (Ben Arous, 66e).

DEMI-FINALES, LES 2 ET 3 JUIN

TOULOUSE-Castres : 24-15
Toulouse – 7 P : McAlister (7e, 12e, 30e, 52e, 62e, 72e), Beauxis (40e) ; 1 DG : Beauxis (21^e).
Castres – 4 P : Teulet (8^e), Bernard (19e, 27e, 48e) ; 1 DG : Bernard (23e).
Toulouse : Poitrenaud (Jauzion, 73e) – Clerc, Fritz, McAlister, Matanavou – (o) Beauxis (David, 51e), (m) Doussain (Burgess, 51e) – Dusautoir (cap.), Picamoles, Bouilhou (Lamboley, 72e) – Albacete, Maestri (Millo-Chluski, 64e) – Johnston (Montès, 76e), Servat (Tolofua, 77e), Poux (Steenkamp, 41e).
Castres : Teulet (Baï, 52e) – Martial, Evans, Cabannes (Sanchou, 69e), Andreu – (o) Bernard, (m) Lacrampe (Kockott, 58e) – Caballero, Masoe (cap.), Diarra (Bornman, 72e) – Tekori, Rolland (Capo Ortega, 62e) – Ducalcon (Wihongi, 55e), Bonello (Rallier, 55^e), Forestier (Taumoepeau, 55^e).

Clermont-TOULON : 12-15
Clermont – 4 P : Parra (10^e, 30^e, 62^e, 73^e).
Toulon – 5 P : Wilkinson (13^e, 23^e, 34^e, 59^e, 78^e).
Clermont : Buttin (Byrne, 68^e) – Nakaitaci, Rougerie (cap.), Fofana, Sivivatu – (o) James (Skrela, 58^e), (m) Parra – Lapandry, Bonnaire, Bardy (Vermeulen, 43^e) – Hines, Cudmore (Pierre, 56^e) – Zirakashvili (Kotze, 67^e), Kayser (Paulo, 53^e), Domingo (Debaty, 58).
Toulon : Rooney – Palisson (Lapeyre, 72^e), Bastareaud, Giteau, Smith – (o) Wilkinson, (m) Tillous-Borde – Armitage, Fernandez Lobbe, Van Niekerk (cap., Gunther, 68^e) – Shaw (Samson, 57^e), Botha – Kubriashvili, Bruno (Orioli, 51^e), Lewis-Roberts (Emmanuelli, 55^e).

FINALE, LE 9 JUIN

TOULOUSE-Toulon : 18-12
Toulouse – 6 P : McAlister (4^e, 22^e, 36^e, 43^e, 64^e, 69^e).
Toulon – 4 P : Wilkinson (2^e, 28^e, 33^e, 47^e).
Toulouse : Poitrenaud – Clerc, David (Beauxis, 62^e), Fritz, Matanavou – (o) McAlister (Jauzion, 71^e), (m) Doussain (Burgess, 51^e) – Picamoles, Dusautoir (cap.), Bouilhou – Albacete, Maestri (Lamboley, 77^e) – Johnston, Servat, Steenkamp (Human, 77e).
Toulon : Lapeyre – Palisson, Bastareaud, Giteau, Smith – (o) Wilkinson, (m) Tillous-Borde – Fernandez-Lobbe, Armitage, Van Niekerk (cap. Gunther, 71e) – Shaw (Samson, 62e), Botha, Kubriashvili, Bruno (Ivaldi, 71e), Lewis-Roberts (Emmanuelli, 74e).

LAURÉATS

Meilleurs marqueurs
1. Nagusa (Montpellier), 11 essais ;
2. Martial (Castres), Donguy (Toulouse), Matanavou (Toulouse), 10 essais ;
5. Tulou (Montpellier), 8 essais ;
6. Amorosino (Montpellier), Bobo (Racing-Métro 92), Chavancy (Racing-Métro 92), Connor (Bordeaux-Bègles), 7 essais ;
10. Andreu (Castres), Armitage (Toulon), Buttin (Clermont), Chouly (Perpignan), Coetzee (Perpignan), 6 essais...

Meilleurs réalisateurs
1. Wilkinson (Toulon), 273 points ;
2. Barnard (Agen), 267 points ;
3. Teulet (Castres), 249 points ;
4. Bustos Moyano (Montpellier), 213 points ;
5. Dupuy (Stade Français), 206 points ;
6. Boyet (Bayonne), 202 points ;
7. Beauxis (Toulouse), 191 points ; McAlister (Toulouse), 191 points ;
9. James (Clermont), 190 points ;
10. Wisniewski (Racing-Métro 92), 174 points...

PALMARÈS

1892 : Racing CF ; **1893** : Stade Français ; **1894** : Stade Français ; **1895** : Stade Français ; **1896** : Olympique de Paris ; **1897** : Stade Français ; **1898** : Stade Français ; **1899** : Stade Bordelais ; **1900** : Racing CF ; **1901** : Stade Français ; **1902** : Racing CF ; **1903** : Stade Français ; **1904** : Stade Bordelais ; **1905** : Stade Bordelais ; **1906** : Stade Bordelais ; **1907** : Stade Bordelais ; **1908** : Stade Français ; **1909** : Stade Bordelais ; **1910** : FC Lyon ; **1911** : Stade Bordelais ; **1912** : Toulouse ; **1913** : Bayonne ; **1914** : Perpignan ; **1920** : Tarbes ; **1921** : Perpignan ; **1922** : Toulouse ; **1923** : Toulouse ; **1924** : Toulouse ; **1925** : Perpignan ; **1926** : Toulouse ; **1927** : Toulouse ; **1928** : Pau ; **1929** : Quillan ; **1930** : Agen ; **1931** : Toulon ; **1932** : Lyon OU ; **1933** : Lyon OU ; **1934** : Bayonne ; **1935** : Biarritz ; **1936** : Narbonne ; **1937** : Vienne ; **1938** : Perpignan ; **1939** : Biarritz ; **1943** : Bayonne ; **1944** : Perpignan ; **1945** : Agen ; **1946** : Pau ; **1947** : Toulouse ; **1948** : Lourdes ; **1949** : Castres ; **1950** : Castres ; **1951** : Carmaux ; **1952** : Lourdes ; **1953** : Lourdes ; **1954** : Grenoble ; **1955** : Perpignan ; **1956** : Lourdes ; **1957** : Lourdes ; **1958** : Lourdes ; **1959** : Racing CF ; **1960** : Lourdes ; **1961** : Béziers ; **1962** : Agen ; **1963** : Mont-de-Marsan ; **1964** : Pau ; **1965** : Agen ; **1966** : Agen ; **1967** : Montauban ; **1968** : Lourdes ; **1969** : Bègles ; **1970** : La Voulte ; **1971** : Béziers ; **1972** : Béziers ; **1973** : Tarbes ; **1974** : Béziers ; **1975** : Béziers ; **1976** : Agen ; **1977** : Béziers ; **1978** : Béziers ; **1979** : Narbonne ; **1980** : Béziers ; **1981** : Béziers ; **1982** : Agen ; **1983** : Béziers ; **1984** : Béziers ; **1985** : Toulouse ; **1986** : Toulouse ; **1987** : Toulon ; **1988** : Agen ; **1989** : Toulouse ; **1990** : Racing CF ; **1991** : Bègles ; **1992** : Toulon ; **1993** : Castres ; **1994** : Toulouse ; **1995** : Toulouse ; **1996** : Toulouse ; **1997** : Toulouse ; **1998** : Stade Français ; **1999** : Toulouse ; **2000** : Stade Français ; **2001** : Toulouse ; **2002** : Biarritz ; **2003** : Stade Français ; **2004** : Stade Français ; **2005** : Biarritz ; **2006** : Biarritz ; **2007** : Stade Français ; **2008** : Toulouse ; **2009** : Perpignan ; **2010** : Clermont ; **2011** : Toulouse ; **2012** : Toulouse.

Toulouse remporte son dix-neuvième titre de champion de France.

PRO D2

CLASSEMENT

	Pts	J.	G.	N.	P.	P.p.	P.c.	Diff.
1. Grenoble	101	30	21	2	7	705	448	+ 257
2. Pau	99	30	19	4	7	767	505	+ 262
3. M.-de-Marsan	92	30	19	3	8	674	524	+ 150
4. Dax	86	30	18	0	12	667	467	+ 200
5. La Rochelle	84	30	18	1	11	727	578	+ 149
6. Carcassonne	79	30	16	2	12	566	559	+ 7
7. Albi	70	30	15	1	14	603	585	+ 18
8. Oyonnax	69	30	13	3	14	579	539	+ 40
9. Bourgoin-J.	69	30	15	0	15	630	628	+ 2
10. Auch	66	30	12	2	16	612	608	+ 4
11. Pays d'Aix	63	30	14	1	15	586	650	– 64
12. Tarbes	62	30	13	1	16	579	674	– 95
13. Aurillac	60	30	13	0	17	576	767	– 191
14. Narbonne	55	30	10	1	19	591	652	– 61
15. Béziers	55	30	10	4	16	488	678	– 190
16. Périgueux	17	30	1	1	28	434	922	– 488

Grenoble accède directement au Top 14. Périgueux descend en Fédérale 1 en compagnie de Bourgoin-Jallieu, rétrogradé pour raisons financières.

BARRAGES D'ACCESSION AU TOP 14, LES 19 ET 20 MAI

PAU-La Rochelle : 16-14

MONT-DE-MARSAN – Dax : 24-20

FINALE D'ACCESSION AU TOP 14, LE 27 MAI

Pau – MONT-DE-MARSAN : 20-29
Pau – 2 E : Fumat (5e), Larrieu (60e) ; 2 T : Manca ; 2 P : Manca (22e, 43e).
Mont-de-Marsan – 2 E : Jagr (24e, 45e) ; 2 T : Vignau-Tuquet ; 5 P : Vignau-Tuquet (4e, 14e, 34e), Arrayet (67e, 73e).
Pau : Manca – Vainqueur, Fumat, Drouard (Taumoepeau, 59e), Hiriart – (o) Hough (Bouillot, 52e), (m) Moa (Marques, 54e) – Gower (Torresin, 47e), Solofuti, Thuery – Valdes, Charlon (Larrieu, 44e) – Choirat (Saayman, 35e ; Choirat, 67e), Du Toit (Bordoy, 44e), Jacquot (cap., Fakelelu, 61e).
Mont-de-Marsan : Mazzonetto – Jagr, Chedal, Senio (Lucu, 59e), Cabannes – (o) Vignau-Tuquet (Urruty, 66e), (m) Arrayet (Duvallet, 78e) – Taulanga, Matenga, Tastet (cap., Brethous, 78e) – Cedaro, Dhien (Jackson, 55e) – Ormaechea (Acosta, 41e ; Ormaechea, 78e), Taukafa, Menini.

Mont-de-Marsan rejoint Grenoble au sein du Top 14.

CHAMPIONNAT DE FRANCE FÉMININ

DEMI-FINALES, LE 3 JUIN

MONTPELLIER-Lille Métropole : 16-6

RC LONS-Perpignan : 16-15

FINALE, LE 9 JUIN

Montpellier-RC LONS : 10-14

PALMARÈS 2012

Coupe d'Europe
Leinster bat Ulster 42-14.

Challenge européen
Biarritz bat Toulon 21-18.

Top 14
Toulouse bat Toulon 18-12.

Fédérale 1
Colomiers bat Massy 20-16.

Fédérale 2
Vienne bat Saint-Sulpice-sur-Lèze 29-22.

Fédérale 3
Bassin d'Arcachon bat Gaillac 12-9.

Top 10 féminin
RC Lons bat Montpellier 14-10

SAISON 2012-2013

ÉQUIPE DE FRANCE

Tournoi des Six-Nations 2013
- 3 février 2013 : Italie-France.
- 9 février 2013 : France-pays de Galles.
- 23 février 2013 : Angleterre-France.
- 9 mars 2013 : Irlande-France.
- 16 mars 2013 : France-Écosse.

Tournée d'automne 2012
- 10 novembre 2012 : France-Australie au Stade de France (Saint-Denis).
- 17 novembre 2012 : France-Argentine au Grand stade de Villeneuve-d'Asc-Lille-Métropole (Lille).
- 24 novembre 2012 : France-Samoa au Stade de France (Saint-Denis).

Tournée d'été 2013
- 8 juin 2013 : Nouvelle-Zélande – France à l'Eden Park Stadium (Auckland, Nouvelle-Zélande).
- 15 juin 2013 : Nouvelle-Zélande – France au Waikato Stadium (Hamilton, Nouvelle-Zélande).
- 22 juin 2013 : Nouvelle-Zélande – France au Stadium Taranaki (New Plymouth, Nouvelle-Zélande).

CHAMPIONNAT DE FRANCE

Saison régulière
Du 17 août 2012 au 5 mai 2013.

Barrages
Les 11 et 12 mai 2013.

Demi-finales
Les 24 et 25 mai 2013.

Finale
Le 1er juin 2013 au Stade de France (Saint-Denis).

COUPE D'EUROPE

Phase de poules
Du 11 octobre 2012 au 20 janvier 2013.
- Poule 1 : Munster, Édimbourg, Saracens, Racing-Métro 92.
- Poule 2 : Toulouse, Leicester, Ospreys, Trévise.
- Poule 3 : Biarritz, Harlequins, Connacht, Zebre.
- Poule 4 : Northampton, Ulster, Glasgow, Castres.
- Poule 5 : Leinster, Clermont, Llanelli, Exeter.
- Poule 6 : Cardiff, Toulon, Sale, Montpellier.

Quarts de finale
Du 4 au 7 avril 2013.

Demi-finales
Les 27 et 28 avril 2013.

Finale
Le 18 mai 2013 à l'Aviva Stadium de Dublin (Irlande).

Crédits photographiques

© **DPPI Media** – DPPI Media/Colorsport/Rowley : p. 10-11, 47, 52-53 ; DPPI Media/Hervio : p. 13 (x 2), 15, 16-17, 18, 31, 32-33, 36-37, 38, 84-85, 109 ; DPPI Media/Vargiolu : p. 29 ; DPPI Media/Colorsport/Cowie : p. 66-67, 73 ; DPPI Media/Blondeau : p. 74-75 ; DPPI Media/AFP Photo/Gabalda : p. 86, 88-89, 95, 98 ; DPPI Media/AFP Photo/Julien : p. 91.

© **AFP/Getty Images** – AFP/Getty Images/Rogers : p. 2-3, 20-21, 27 (x 2), 35 ; AFP/Getty Images/Lee : p. 8, 28-29 ; AFP/Getty Images/Forster : p. 22, 80, 82-83 ; AFP/Getty Images/Mitchell : p. 24-25 ; AFP/Getty Images/Laine : p. 40-41 ; AFP/Getty Images/Steele : p. 48-49 ; AFP/Getty Images/Hewitt : p. 50 ; AFP/Getty Images/LatinContent/Orellana : p. 63 ; AFP/Getty Images/Little : p. 70-71 ; AFP/Getty Images/Lewis : p. 96-97, 118-119.

© **AFP Photo** – AFP Photo/Fife : p. 55 ; AFP Photo/Mabromata : p. 56-57, 60-61, 64-65 ; AFP Photo/MacNicol : p. 69 ; AFP Photo/Andrieu : p. 77 ; AFP Photo/Tucat : p. 78-79 ; AFP Photo/Dufour : p. 106.

© **Presse Sports** – Presse Sports/Papon : p. 44-45, 104-105 ; Presse Sports/Lahalle : p. 58 ; Presse Sports/Golesi : p. 92-93, 108 ; Presse Sports/Mounic : p. 100-101 ; Presse Sports/Seguin : p. 103.

© **Alain Verpillot** – p. 6.

© **MaxPPP/*Le Parisien*/Olivier Lejeune** – p. 43.

© **Lou Biel** – p. 110-111.

Couverture : Presse Sports/Martin (photo principale), DPPI Media/Hervio (x 2), DPPI Media/Colorsport/Cowie, DPPI Media/Colorsport/Rowley (en bas, de gauche à droite).

Quatrième de couverture : AFP Photo/Kington, AFP Photo/Fife, AFP Photo/Mabromata (de gauche à droite).

Conception graphique et mise en pages : Zarko Telebak
Réalisation photogravure : Frédéric Bar
Fabrication : Stéphanie Parlange et Cédric Delsart

Achevé d'imprimer en août 2012 en Espagne

FRAYSSINET
EADS
PEUGEOT
Betclic
HAVAS VOYAGES
EOS 5D Mark II